"Las apariciones de Fátima, comprobadas por signos extraordinarios, en 1917, forman como un punto de referencia y de irradiación para nuestro siglo. María, Nuestra Madre celestial, vino para sacudir las conciencias, para iluminar el auténtico significado de la vida, para estimular a la conversión del pecado y al fervor espiritual, para inflamar las almas de amor a Dios y de caridad hacia el prójimo. María vino a socorrernos, porque muchos, por desgracia, no quieren acoger la invitación del Hijo de Dios para volver a la casa del Padre."

JUAN PABLO II

Basílica de Fátima. En el centro de la explanada la pequeña capilla de las apariciones.

Oración nocturna con peregrinos de todo el mundo, en Fátima, el día 12 de mayo del 2000, vigilia de la beatificación de Jacinta y Francisco.

1
El caserío de Aljustrel

–¡Desde mañana me toca a mí cuidar de las ovejas!

Lucia lo dice casi gritando al entrar en casa de sus primos. A sus nueve años, está orgullosa de que le hayan encargado esa labor y le ha faltado tiempo para correr a contarlo.

–Mi hermana Carolina ha cumplido los trece años y tiene que irse a trabajar al campo. Os lo digo porque ya no podré jugar con vosotros.

Sus primos la miran asombrados. Francisco la escucha en silencio, con ese aire de seriedad que tiene a sus ocho años. Jacinta, dos años menor, sensible e impulsiva, demuestra que no le ha hecho gracia la noticia, hace un puchero y contesta con voz temblorosa.

–¿Ya no vamos a jugar? ¿Ya no nos vas a explicar el catecismo?

–No tendré tiempo, tonta. Hasta los domingos tengo que llevar a las ovejas a los pastos. Nos veremos por la noche.

–Pues nosotros iremos contigo. Le diremos a madre que te queremos ayudar.

Olimpia no fue de su parecer.

–Sois muy pequeños para pasaros el día entero buscando pastos para el rebaño. ¡Ya tendréis tiempo cuando os hagáis mayores!

Francisco quería ayudar a su hermana.

–A mí, madre, poco me interesa. Es Jacinta la que quiere que vaya. Yo sólo tengo un año menos que Lucia. ¡Así que bien puedo cuidar de ella!

No hubo forma de convencer a la madre.

–Bueno, Lucia, te esperaremos todas las tardes. Por lo menos, te ayudaremos a meter las ovejas en el redil.

Todos los días aguardan a la prima, a la caída del sol, al comienzo del camino que viene de la sierra. Cuando la ven regresar la reciben contentos y la acompañan hasta el corral, separado del campo por una cerca de piedra. Luego, hasta la hora de la cena, corren, saltan y charlan por el caserío de Aljustrel.

A principios de 1916, Aljustrel no tiene más de veinte casas alineadas en el camino de Vila Nova de Ourem, separadas por huertos y corrales. Un caserío que con otros cuarenta minúsculos poblados, desperdigados por las estribaciones de la sierra del Aire, constituyen el municipio de Fátima, muy cerca de Batalha[1].

Mientras ellos corren por la aldea, a ciento veinte kilómetros al sur, Lisboa hierve con los problemas

---

1. Espléndido monasterio gótico, centro del nacionalismo portugués, construido por Juan I en conmemoración de la célebre batalla de Aljubarrota, del 14 de agosto de 1385, que consolidó la independencia portuguesa amenazada por los castellanos.

Los tres videntes en 1917.

políticos de la revolución republicana, que ha acabado, seis años atrás —en octubre de 1910—, con la monarquía de los Braganza y con las órdenes religiosas, a las que ha expulsado del país. Mucho más lejos, a miles de kilómetros al noreste, Europa se debate en el segundo año de la Primera Guerra Mundial que enfrentan, en principio, a Francia e Inglaterra con Rusia, Alemania y Austria...

A la hora de la cena, los niños vuelven a sus casas, tan parecidas: blancas paredes encaladas y puerta abierta a la calle, al camino más bien, entre dos ventanas que dan luz a las habitaciones. Allí les esperan sus familias, que no hablan de política ni de guerras, sino de los problemas de la tierra y de los huertos, con el tiempo detenido en sus costumbres ancestrales, que viven idéntica y fielmente.

–¡Hay que rezar las oraciones de la noche! Es hora de acostarse —dice la madre.

–¡Ya lo hacemos, mamá! —responde, como un eco, una de las hijas en la otra casa.

En una de ellas, vive Antonio dos Santos con su esposa María Rosa y sus cinco hijos, de los que sólo uno es varón. La más pequeña de las niñas nació el 22 de marzo de 1907 y la bautizaron con el nombre de Lucia[2] de Jesús, ocho días después.

Ahora, a sus nueve años, es una chica no muy alta, con una cara ancha, nariz achatada y labios gruesos, en

2. Le llaman Lucia, nombre de mujer derivado de Lucio, y no Luzía, también frecuente en Portugal.

la que brillan unos ojos castaños y vivos, sombreados por espesas cejas. Tiene un aire de gravedad, impropio de su edad, que acentúan sus vestidos aldeanos de persona mayor: falda larga, corpiño y una manteleta sobre la cabeza, que le cae por detrás hasta la cintura.

La otra casa la ocupa la familia de su hermana Olimpia que al enviudar se casó con Manuel Pedro Marto. Viven con ellos dos hijos del primer matrimonio y los ocho del segundo. Los dos más pequeños son Francisco, nacido el 11 de junio de 1908, y Jacinta, el 10 de marzo de 1910.

Francisco es espigado y tan alto como su prima, a pesar de ser un año menor. Su rostro es redondo y los ojos castaños. Suele vestir siempre de pantalón largo y con la típica chaqueta corta portuguesa. Sobre la cabeza el largo bonete o barretina, que le cae hasta el hombro derecho.

Jacinta es robusta, no muy alta, con grandes ojos castaños de extraordinaria viveza. Viste las mismas prendas campesinas que su prima: corpiño, falda larga y el consabido velo sobre la cabeza y los hombros.

Con el alba, la familia entera tiene que levantarse para trabajar. Todos son necesarios. Los padres y los hijos que han cumplido los trece o los catorce años se van a los pequeños campos sembrados de maizales, trigales y viñas, separados por cercas de piedras.

Lucia sale con su rebaño y su primo Juan con el suyo. Sólo los pequeños se quedan en casa con las madres, que cocinan, tejen, cosen y hacen las mil tareas que no faltan en un hogar campesino.

Son los momentos en que Jacinta vuelve a la carga.

–Mamá, deberías dejarnos ir con Lucia. O dejarnos llevar el rebaño en vez de Juan.

–Ya te he dicho mil veces que eres muy pequeña. ¡Tienes que esperar!

El cariño de Jacinta por su prima Lucia es impresionante. Se ha acostumbrado a ir a su casa a jugar. Allí, salvo que un trabajo extraordinario en el campo las necesite, se queda siempre su tía María Rosa con las hijas mayores: María, que teje en su viejo telar y enseña además el oficio a algunas muchachas del pueblo, y Teresa, que es costurera. Es ya una costumbre que otras madres del pueblo dejen a sus niños en la hospitalaria casa, mientras ellas se van al campo a trabajar. Saben que quedan en buenas manos.

Lucia, como es la mayor, es quien se encarga de dirigir y vigilar los juegos en el amplio patio, a la sombra de las tres grandes higueras, o dentro del hogar, cuando hace mal tiempo. En la larga jornada hay lugar para que madre e hijas le cuenten a los pequeños leyendas y hazañas patrióticas o vidas de santos y pasajes de la Historia Sagrada.

A Jacinta le encanta el momento en que Lucia interviene:

–Cuéntanos algo, madre.

María Rosa sabe muchas historias tradicionales.

–Hoy os voy a contar la historia de la princesa Fátima Oureana.

–¿Se llama como nuestro pueblo?

Los padres de Francisco y Jacinta.

–Sí, ya verás... Hace mucho, mucho tiempo, cuando Portugal estaba todavía desde el Tajo hasta el sur ocupado por los moros y empezaba a reinar nuestro primer rey[3], una cabalgata de moros salía de Alcacer do Sal para celebrar una fiesta en la orillas del río Sado. ¡Oh qué hermosos iban los jóvenes caballeros, con sus armas relucientes, sus capas y sus turbantes! ¡Qué bonitas las doncellas, con sus trajes bordados y perlas en los cabellos! Nunca se había visto una comitiva tan bien compuesta y con tanta alegría. Era la mañana de San Juan, cuando llega el verano y el sol sube a lo alto del cielo.

Los niños la miraban sin parpadear ni perder palabra.

–¿Y sabéis lo que pasó? Pues, en ese momento, llegó un grupo de caballeros portugueses, con sus caballos, armaduras y lanzas, porque estaban en guerra, —no lo olvidéis—: moros y cristianos luchaban desde que los moros invadieron las tierras de España y Portugal. ¿Y sabéis quién iba al mando de los guerreros cristianos?

Lucia lo sabía, pero se cayó.

–El terrible *Tragamoros*, don Gonzalo Hermingues, se lanzó al ataque. Los moros sorprendidos no pudieron hacer mucho, así que la lucha fue fiera, pero corta. Pronto los caballeros y las doncellas fueron hechos prisioneros y llevados a presencia del rey, que estaba

---

3. Alfonso Enríquez se independiza de Castilla y es coronado como Alfonso I por el obispo de Braga en 1139.

en Santarem. Mucho le agradó al rey la victoria de los suyos contra sus eternos enemigos. "¿Qué queréis —le dijo a don Gonzalo— como recompensa por vuestra valentía?" "La mano de la princesa Fátima, la hija del gobernador del Alcacer"—contestó—. "Bien —dijo el rey—, con una condición: que ella acepte libremente nuestra santa fe". ¿Qué os parece? *Tragamoros* queriéndose casar con una mora. ¿Y sabéis lo que contestó la princesa Fátima? Que sí. Que estaba dispuesta a hacerse cristiana y a casarse. Así era en aquellos tiempos, lo mismo luchaban que se casaban, porque moros y cristianos vivían todos en la misma tierra. En el bautismo le pusieron el nombre de Oureana y el rey les dio como regalo de bodas una ciudad, que hoy es Ourem.

Los niños escuchaban admirados este final feliz.

–¿Y fueron felices y comieron perdices?, me preguntaréis. Al principio fueron muy dichosos, pero... —María Rosa, entornó los ojos y frunció la frente— luego vino el dolor. La joven princesa murió, de improviso, en plena juventud. ¡Ay, cómo lloró su marido! ¿Y sabéis lo que hizo?

Los ojos de los niños preguntaban muy abiertos: ¡¿qué?!

–Llorando, llorando, se desengañó del mundo, de su gloria de guerrero y se fue a un convento que el rey había fundado en Alcobaça. Allí rezaba y rezaba fray Gonzalo. Pasó el tiempo y el abad le mandó que construyese otro convento en la montaña, cerca de Ourem. Y allí se fue. Y apenas terminó la capilla, trasladó a ella los restos de su amada, y este lugar se llamó Fátima, por el nombre de la princesa mora que tiene su sepulcro entre las ruinas del monasterio que está cerca del pueblo.

Estas reuniones, tan llenas de leyendas populares eran una forma de suplir, en aquellos tiempos de principios de siglo, la escuela a la que no todos los niños podían acudir.

–Mis hijos tienen que trabajar. El campo nos necesita a todos —decían los labriegos—. Lo importante es que aprendan a ganarse la vida. Lo que deban saber se lo enseñamos nosotros en nuestras casas y el cura en el catecismo.

Y así en las largas anochecidas, al calor del fuego, o en la tardes de domingos y fiestas, les repetían las historias populares y cantaban las canciones del país al compás del acordeón de Manuel, el hermano de Lucia, que se daba maña para ello.

También María Rosa y su cuñada Olimpia les enseñan a los niños el catecismo. Con más intensidad en las siestas del verano y en los días de cuaresma.

–No quiero quedar avergonzada cuando el párroco os pregunte la doctrina —les dice María Rosa.

Lucia se sabe muy bien el catecismo y ha hecho ya la primera comunión. Esta es una de las razones de la admiración de Jacinta por su prima y el gusto de su trato con ella. Por eso le entristece tanto que ahora ande sola con las ovejas o acompañada por algunas amigas del pueblo, lo que le da cierta envidia.

A ella le puede preguntar todo lo que quiera. Recuerda la última fiesta del Corpus Christi. Lucia fue elegida para asistir, disfrazada de ángel, a la procesión en la que el sacerdote lleva la Hostia consagrada por las calles del pueblo a la vista de todos. Cuando se lo contó a Jacinta, ésta se empeñó en acompañarla. Su prima María le preparó una túnica blanca con unas alas prendidas en los hombros. Le dijo también cómo se tenía que comportar.

–Llevaréis unas cestas con pétalos de flores y las lanzaréis a Jesús en la Hostia cuando yo os haga la señal.

–¿Y veremos a Jesús? —preguntó Jacinta.

–Sí. Lo lleva el señor párroco.

Durante la procesión, a la señal convenida, Lucia y los otros ángeles arrojaban los pétalos. Jacinta mantenía la cestilla en su brazo. No lanzó ni una flor, absorta en mirar fijamente al sacerdote.

–¿Por qué no has echado las flores a Jesús? —le preguntaron al terminar.

–¡Porque no lo he visto! —Se volvió a su prima—: Y tú, Lucia, ¿has visto al Niño Jesús?

–Tú no sabes todavía que el Niño Jesús en la Hostia no se ve, porque se esconde y así podemos recibirle en la comunión.

–Y tú, cuando comulgas, ¿le hablas?

–Sí.

–¿Por qué no le ves?

–Porque está escondido.

–Voy a pedirle a madre que me deje comulgar.

–El párroco no te dará la comunión hasta que no tengas diez años.

–Tú no los tienes todavía y ya comulgas.

–Porque yo sabía todo el catecismo. Tú todavía no sabes lo suficiente.

–Pues, enséñame tú.

Y fue así como Lucia se convirtió en profesora de Jacinta... y de Francisco. Ambos querían recibir cuanto antes a Jesús Escondido.

Ella lo había recibido a los seis años, y siempre lo consideró como una gracia especial. Corría el año 1913 cuando fue invitada por el párroco a asistir al catecismo. No faltaba ni un solo día. El sacerdote se situaba en un pequeño estrado en la amplia sacristía. Ella se sentaba a sus pies y escuchaba con gran atención, reteniendo todo cuanto oía. Estaba segura de que le harían el examen final. Al llegar el día, el padre Pena no la examinó. La mira fijamente y le hace una caricia:

–No puedes hacer la comunión todavía. Eres demasiado pequeña.

La niña se echa a llorar. Sale de la sacristía y va a arrodillarse ante el altar de una imagen de Nuestra Señora del Rosario. En ese momento, entra en la iglesia el padre Francisco Rodrigues da Cruz, un predicador famoso en Portugal, que viene a predicar a Fátima. Al ver a la niña llorando ante el altar de la Virgen, se dirige a ella:

–¿Qué te pasa, pequeña?

–Quiero hacer la primera comunión y el señor párroco no me deja.

El misionero charla con ella un rato, luego va a la sacristía:

–Padre Pena, la pequeña Lucia quiere hacer la primera comunión.

–¿Sabe bastante catecismo? ¿Está preparada?

–Yo creo que sí. Examinémosla, padre, si quiere.

Así lo hicieron. Se sabía todo el catecismo de memoria[4] y sobre todo descubrieron que comprendía el sentido de lo que decía.

El padre Cruz le acarició la mejilla.

–Sé fiel a Dios, pues eres un alma protegida por Él.

El prestigio de la primera comunión de su prima era un aliciente para Jacinta que no se cansaba de preguntarle todo lo que le se le ocurría. Un día, mirando el crucifijo colgado en la pared de la casa, le dijo:

–¿Por qué Jesús está clavado en una cruz?

–Porque murió por amor a nosotros.

–Cuéntanos eso...

Y Jacinta abría los ojos como platos al escuchar la narración popular, sencilla y colorista que le contaba su prima.

Desde entonces Lucia tuvo que contar una y otra vez la historia de la Pasión. A Jacinta se le saltaban las lágrimas.

–¡Pobrecito, Nuestro Señor! —decía—. ¡Yo no debo cometer ningún pecado! ¡No quiero que Jesús sufra!

---

4. Tenía sólo seis años. Lucia escribe en su *Segunda memoria*: "Tal vez alguien quiera preguntar: ¿cómo es que la hermana se acuerda de todo esto? Cómo es, no lo sé. Nuestro buen Dios, que reparte sus dones como quiere, me dio a mí esta poquita de memoria; y, por ello, solamente Él sabe cómo es."

Ahora, Jacinta sólo podía resolver sus curiosidades por las noches, al regreso de su prima... en los pocos ratos que le quedaban libres de juegos. Así que siguió importunando a su madre con la idea de acompañarla en el pastoreo.

Pasaron los días y la gota perforó la piedra.

–Bien. Padre y yo hemos decidido que llevéis el ganado, en vez de Juan.

Esta vez fueron Jacinta y Francisco los que se precipitaron a casa de Lucia para darle la gran noticia.

2
El ángel de la paz

Cada mañana los pastorcillos se levantan con alegría porque van a pasar el día juntos. Desayunan al amanecer, rezan una oración al ángel de la guarda y salen con el rebaño hacia el Gredal, una pequeña laguna cercana al caserío. Es el punto de cita donde reúnen los dos hatos de ovejas y los conducen, meseta arriba, hacia los pastos que decide Lucia.

Las ovejas andan despacio entre los campos llenos de matorrales donde crecen eucaliptos, olivos, encinas y pinos. Los pastores cuidan de que no entren en los campos cultivados por el trozo caído de alguna cerca. Francisco se entretiene en perseguir a algún lagarto o en buscar pájaros para darles migas de pan. Los quiere mucho. Un día se encontró con un muchacho que había cogido un jilguero.

–¡Súeltalo! —le dijo Francisco.

–¡Qué lo voy a soltar!

–Te lo compro.

–¿Qué me das? —le preguntó el muchacho.

–Te doy cuatro cuartos.

–Toma el jilguero... ¡Allá tú lo que haces con el dinero!

Francisco toma en su mano al tembloroso pajarillo, luego la abre y deja que levante el vuelo.

–Y pon buen cuidado, y no te dejes coger otra vez.

Cuando llevan una hora de camino. Lucia se detiene.

–Éste es buen pasto.

–Esos árboles dan buena sombra —contesta Francisco, que se adelanta, deja el zurrón de la comida y lo cuelga de una rama.

La atención del rebaño, que pace la hierba, no les impide dedicarse a sus juegos. Francisco saca la flauta de caña que se ha fabricado, y lanza al aire una melodía, subido en una roca. Las niñas bailan o cantan. Les gusta esta sencilla canción pastoril.

Amo a Dios en el cielo,
también amo la tierra;
amo las flores de los campos,
los corderos de la sierra.
Soy una pobre pastorcilla;
ruego sin cesar a María;
voy en medio del rebaño
como el sol del mediodía.

Cuando ven al sol en todo lo alto o cuando escuchan las campanadas de la torre de Fátima, rezan el ángelus y se disponen a comer. En el zurrón hay pan de centeno o maíz, queso, aceitunas y algunas veces sardinas o un poco de fiambre.

–Ahora tenemos que rezar el rosario. Nos ha insistido mi madre —dice Lucia.

–Bien, pero deprisa, para que por la tarde podamos jugar más. Las ovejas están más tranquilas porque han comido mucho —dice Jacinta.

–A ver ¿cómo lo vamos a rezar más deprisa? —tercia Francisco.

–Muy sencillo —contesta su espabilada hermana—. Decimos "Padrenuestro" una vez y por cada bolita sólo decimos "Ave María", nada más.

–¿Y no es eso trampa?

–¡Qué lo va a ser! ¡Le rezamos a la Virgen!

–Ave María.

–Ave María.

–Ave María.

Despachado el rápido rosario, se entregan al juego de la prendas, a la canicas o a construir casitas con las piedras del monte.

Cuando el sol va de caída, emprenden el camino de regreso para llegar a casa a la hora de cenar y rezar las oraciones de la noche con los padres. No hay problema para separar a las ovejas y que vayan al corral que les corresponde, porque las conocen una a una y todas tienen nombre.

–Tú, *Blanquita*, ahí. *Estrella*, tú a este lado.

–*Paloma*, ¿adónde vas?

Jacinta, una de las veces que volvía a casa, llevaba un corderillo en brazos y caminaba en medio del rebaño.

–¿Por qué vas así, entre las ovejas?

–Para hacer como Nuestro Señor. En una estampa que me han dado en la parroquia Jesús va entre las ovejas con un corderillo en brazos.

Unos días en un sitio, otros en otro, los pastorcillos van recorriendo la meseta de Fátima, unas veces más lejos, otras más cerca. En ocasiones, se encuentran con un pastor mayor, que lleva acordeón y acompaña a Francisco a hacer más animado el baile de las niñas.

También, con frecuencia, se tropiezan con una vieja pastora, conocida por la tía María Carreira, a la que la familia le encarga un pequeño rebaño. Mal se las ve la anciana, a causa de su reúma, para reunirlas de nuevo cuando las ovejas se le desmandan. Francisco le ayuda siempre a recogerlas.

–Gracias, chico.

–No hay de qué. No he hecho nada especial.

–Sí, hijo mío, que ya me has ayudado muchas veces. Eres mi pequeño ángel guardián.

Las largas estancias en el campo aumentan en los tres pastorcillos el amor por la naturaleza, en la que ven a Dios con toda naturalidad. Se quedan mirando entusiasmados la puesta de sol y empiezan a contar las estrellas apenas van saliendo.

–La luna es la lámpara de la Virgen —dice Jacinta—. Las estrellas son las de los ángeles. El sol, la de Jesús. —Y añade—: La lámpara de la Virgen me gusta más que la de Jesús, porque no quema ni deslumbra.

–No, Jacinta, no —contesta Francisco, muy serio—. Ninguna lámpara es tan hermosa como la de Nuestro Señor.

Uno de los últimos días de la primavera de 1916, los tres pastorcillos escogen como lugar de pasto el Huerto Viejo, una propiedad de la familia Santos.

El día es espléndido. Pero, a media mañana, una pequeña llovizna los obliga a refugiarse en un círculo de rocas, lleno de arbustos y matorrales, al pie de una pequeña colina, que llaman el Cabezo. La lluvia cesa pronto, pero siguen en el refugio, desde donde ven perfectamente el pastar de las ovejas. Toman el pobre almuerzo, rezan el rápido rosario y se dedican tranquilamente a jugar a las chinas con las piedrecitas del suelo.

En eso están, cuando sienten agitarse las ramas de los árboles por el impulso de un fuerte viento. Extrañados, porque el día está ya claro y sereno, miran hacia la pradera. Sobre los olivos distinguen una intensa luz que se les acerca. En su centro se dibuja una especie de silueta humana, blanca como la nieve, como si fuera una estatua de cristal atravesada por los rayos del sol. Al llegar junto a ellos, observan que se trata de un joven de unos catorce o quince años. Su voz suena dulce:

–*No temáis. Soy el Ángel de la Paz. Rezad conmigo*[5].

El ángel se hinca de rodillas, baja la frente hasta el suelo y repite por tres veces:

---

5. En cursiva las palabras originales del ángel, siempre traducidas del portugués, lo que permite variaciones en castellano. Véase *Memorias de la hermana Lucia*, Postulaçao, Fátima, Portugal, 1978, y C. Barthas, *La Virgen de Fátima*, Rialp, Madrid.

–¡Dios mío, creo, adoro, espero y te amo! Te pido perdón por los que no creen, no adoran, no esperan ni te aman.

Los pastorcillos han imitado sus movimientos y sus palabras movidos por una fuerza irresistible. El ángel se levanta:

–¡Rezad así! Los Corazones de Jesús y de María están atentos a vuestras súplicas.

La aparición se desvanece, pero la impresión sobrenatural los mantiene de rodillas repitiendo una y otra vez la oración que se les ha quedado grabada a fuego.

Cuando vuelven en sí, Lucia dice:

–No debemos hablar de esto con nadie.

Sobra la advertencia, el silencio se impone por sí mismo. Ha sido una experiencia tan íntima que faltan las palabras para dar cuenta de ella. Desde entonces, sólo hablan de la aparición entre ellos y se acostumbran a interrumpir sus juegos y tareas para inclinarse, cuando nadie los ve, y rezar como el ángel les ha enseñado.

Avanza el verano. Un día, a finales de julio o principios de agosto, han regresado con el rebaño para pasar la hora de más calor en el huerto del padre de Lucia. Juegan a la sombra de los árboles que rodean al pozo. De repente, sin ningún aviso, advierten que el ángel está ante ellos.

–¿Qué hacéis?... ¡Rezad, rezad mucho! Los Sagrados Corazones de Jesús y de María tienen sobre vosotros designios de misericordia. Ofreced constantemente a Dios oraciones y sacrificios.

–¿Cómo haremos sacrificios? —pregunta Lucia.

Los tres pastorcillos de Fátima, en el lugar de las apariciones, rezando el rosario.

–Ofreced un sacrificio de todo lo que podáis, para reparar por los pecados con los que el Señor es ofendido y como súplica por la conversión de los pecadores. Atraed así la paz sobre vuestra patria. Yo soy su ángel custodio, el ángel de Portugal. Sobre todo, aceptad y soportad los sufrimientos que el Señor os envíe.

Esta es la primera vez que Lucia le habla al ángel. Francisco lo ha advertido.

–Tú hablaste con el ángel; ¿qué fue lo que te dijo?

–¿No oíste?

–No. Vi que hablaba contigo; oí lo que tú le decías, pero lo que él te dijo no lo sé.

Como en la anterior aparición, el mensaje se les graba intensamente. Comprenden quién es Dios, cómo los ama y el valor del sacrificio reparador. Desde ese momento buscan oportunidades para hacer sacrificios. El preferido es permanecer largos ratos, de rodillas y con la frente en tierra, rezando la oración del ángel.

Francisco es el que más pronto se cansa.

–Yo no soy capaz de estar así tanto tiempo como vosotras. Me duele tanto la espalda que no puedo.

En el principio del otoño[6] el ángel los vuelve a visitar. Esta vez no los encuentra jugando. Han ido a pastorear junto al Cabezo, han comido y están en su pequeño refugio de rocas, rezando:

–Creo, adoro, espero, te amo...

---

6. Las fechas exactas de las apariciones del ángel no las concreta Lucia, porque en aquella época no llevaba bien la cuenta del tiempo, días, meses y años. Se fijaba sólo en las estaciones. Sí sabía que 1916 era el año que empezó a pastorear con sus primos: el anterior a las apariciones de la Virgen.

Han repetido la oración unas cuantas veces, cuando sienten que una luz resplandeciente brilla sobre ellos. Alzan los ojos y ven al ángel. Tiene en su mano un cáliz y sobre él una hostia suspendida, que gotea sangre en su interior.

El ángel deja el cáliz, que queda misteriosamente sostenido en el aire, y se arrodilla junto a ellos. Por tres veces, les hace repetir esta oración:

–*Santísima Trinidad, Padre, Hijo y Espíritu Santo, yo te adoro profundamente y te ofrezco el preciosísimo Cuerpo, Sangre, Alma y Divinidad de Nuestro Señor Jesucristo, presente en todos los sagrarios del mundo, en reparación de los ultrajes con los cuales Él es ofendido. Por los infinitos méritos de su Sagrado Corazón y por los del Corazón Inmaculado de María, te pido la conversión de los pobres pecadores.*

El ángel se levanta y toma el cáliz y la hostia. Ésta se la da a Lucia y el contenido del cáliz lo reparte entre Jacinta y Francisco, diciendo al mismo tiempo:

–*Tomad y bebed el Cuerpo y la Sangre de Jesucristo horriblemente ultrajado por los hombres ingratos. ¡Reparad sus pecados y consolad a vuestro Dios!*

El ángel vuelve a prosternarse, repite con los niños otras tres veces la oración a la Santísima Trinidad... y desaparece. La presencia de Dios es tan intensa que se quedan absortos, casi privados del uso de los sentidos un gran rato. Esta vez es Francisco el que se da cuenta de lo avanzado de la hora.

–Está anocheciendo. Hay que llevar el rebaño a casa.

Monumento que representa la aparición del ángel a los pastorcillos.
Está colocado en el lugar donde se les apareció.

3
Una señora de luz

Una noche de abril de 1917, Lucia está sentada junto al fuego con su madre y su hermano Manuel. Esperan el regreso del padre. Hace poco que ha vuelto con sus primos de pastorear el rebaño. El ángel no ha vuelto más, pero ellos no han dejado de hablar interminablemente de esa experiencia maravillosa, que no comparten con nadie.

Francisco no se cansa de pedir, una y otra vez, que le cuenten lo que el ángel les ha dicho. El muchacho sólo ha visto la belleza del mensajero celeste. Su visión le ha conmovido profundamente, pero no ha oído su voz como sus afortunadas compañeras. Siguen con sus juegos infantiles, pero dedican más tiempo a la repetición de las oraciones que han aprendido, rezan el rosario con más devoción y hacen sacrificios de todo cuanto pueden.

«Sobre todo, aceptad y soportad los sufrimientos que el Señor os envíe» recuerda Lucia, sentada junto a su madre, al ver la profunda tristeza reflejada en su rostro.

–¡Dios mío! ¿Adónde fue la alegría de esta casa?

Le desgarra el corazón ver cómo su madre se echa a llorar amargamente y cómo mira los lugares vacíos de sus hermanas. María y Teresa, de veintiséis y veinticuatro años, están ya casadas. Gloria y Carolina, de veinte y quince, se han tenido que poner a servir en casas más acomodadas. Las cosas no van bien en la familia. Los momentos de apuros económicos han obligado a vender algunas tierras.

La madre vuelve a lamentarse:

–¡Lo que son las malas compañías! Con lo bueno que es vuestro padre, ahora se pasa las tardes y las noches en la taberna. Bebida y juego, eso es todo lo que hay allí. ¡Una perdición! Mis hijas mayores se han ido. Lucia, con las ovejas. Tú, Manuel, matándote a trabajar en el campo, el único hombre de la casa, pero has cumplido veintidós años y tienes que hacer el servicio militar.

Suena la puerta de la casa y entra el padre. Apenas saluda. Como una excusa que explicase su tardanza dice a plena voz:

–¡Portugal ha entrado en la guerra!

Todos se quedan de una pieza. Saben lo que significa: vecinos y amigos —no se atreven a pensar en el hermano y el hijo— irán a morir a los campos de Europa.

La guerra, que va para tres años, ha subido de intensidad. Los Estados Unidos se han sumado a ella y ahora también Portugal, arrastrada por su aliada Inglaterra. Cuarenta naciones están ya implicadas en una contienda que comenzó europea y que ya es mundial.

El 13 de mayo amanece sereno y amable, haciendo honor a su nombre de mes de las flores. Es el domingo anterior a la fiesta de la Ascensión, pero las ovejas tienen que comer como todos los días. Así que los pastorcillos van a misa del alba al caserío de Boleiros, a unos cuantos kilómetros de Aljustrel.

En su homilía, el nuevo párroco de Fátima, Manuel Marques Ferreira, les habla de la carta sobre la paz que ha publicado el santo padre Benedicto XV, ocho días atrás.

–Nos pide a todos los cristianos una cruzada de oraciones para alcanzar la paz del mundo por medio de la Virgen María. Quiere también que añadamos al final de las letanías una nueva invocación, *Regina pacis, Reina de la paz...* Ya sabéis la fuerza y la eficacia de la oración. Así que a rezar mucho. Tenemos que conseguir que termine la guerra.

Vuelven a casa pensando que también el cura, como el ángel, pide oraciones por la paz. Con prisa, meten el almuerzo en el zurrón, que Francisco se cuelga al hombro, aprestan los ganados y salen para la sierra. Como van faltos de tiempo, Lucia decide llevar las ovejas a la Cova da Iría[7], a dos kilómetros de Aljustrel, donde sus padres tienen un pequeño terreno, algunas parcelas cultivadas y mucho campo abierto donde crecen algunas encinas y olivos.

Llegan cerca del mediodía. Dejan a las ovejas

---

7. *Cova*, en portugués, cueva, pero también pequeño valle u hondonada. *Iría*: diminutivo de Irena, en castellano Irene.

comer de la fresca hierba de mayo y ellos hacen lo propio sacando los frugales alimentos del zurrón. Luego, se disponen a rezar el rosario.

Terminada la oración, los pastorcillos se dedican a jugar en lo alto de la pendiente de la Cova, rodeados de las ovejas. El sol luce en lo alto del firmamento.

–Vamos a jugar a albañiles —dice Francisco—. Traedme piedras y pequeñas rocas. Voy a construir una cerca en torno de esta mata de brezo.

–Muy bien —dice Lucia—. La cerca lo resguardará de las ovejas. De sus hojas largas y finas podemos fabricar escobas.

Francisco va disponiendo los materiales, que le entregan sus compañeras, cuando, de pronto, advierten el fulgor de un *relámpago*.

–Lo mejor es irnos a casa —dice Lucia—, hay relámpagos; puede haber tormenta.

–¡Oh, sí, está bien! —contestan al unísono.

Animan a las ovejas hacia el camino y comienzan a bajar la pendiente. A media ladera, les vuelve a sorprender otro *relámpago*. Avanzan unos pasos. De pronto, una luz muy intensa los envuelve. Los tres, movidos por un mismo impulso, miran hacia la derecha. Sobre una pequeña encina, apenas un arbusto, ven a *una hermosa señora*[8], vestida de blanco y más resplandeciente que el sol.

---

8. Esta es la manera de explicar los niños lo que vieron. En cursiva se dan las palabras originales de la Virgen, en su traducción castellana, que permite variaciones. Véase *Memorias de la hermana Lucia*, Postulaçao, Fátima, Portugal, 1978, y C. Barthas, *La Virgen de Fátima*, Rialp, Madrid.

La luz, que envuelve a la aparición o que proviene de ella, rodea también a los pastorcillos, que están detenidos por el asombro a metro y medio del arbusto donde la Señora posa sus pies desnudos.

–No tengáis miedo. No os voy a hacer daño.

Lucia, tranquilizada, le pregunta con sencillez.

–¿De dónde sois, Señora?

–Soy del cielo.

–¿Y qué desea de nosotros?

–Vengo a pediros que vengáis aquí seis meses seguidos, el día 13 a esta misma hora. Después os diré quién soy y lo que quiero.

Lucia no sabe quién es esa señora tan hermosa y tan joven. Dice que viene del cielo. ¿Qué más lógico que preguntarle por su destino y el de sus primos?

–¿Y yo voy a ir al cielo?

–Sí, irás.

–¿Y Jacinta?

–También.

–¿Y Francisco?

–También; pero tiene que rezar su rosario.

La curiosidad incita a Lucia a seguir. ¿Que habrá sido de las dos muchachas que han muerto hace poco en el pueblo, amigas suyas y de sus hermanas? La Señora le asegura que María de las Nieves ya está en el cielo y Amelia en el purgatorio.

La Señora los mira intensamente, con dulzura.

–¿Queréis ofreceros a Dios para soportar todos los sufrimientos que Él quisiera enviaros, en acto de

desagravio por los pecados con que es ofendido y de súplica por la conversión de los pecadores?

–Sí, queremos.

–Tendréis, pues, mucho que sufrir, pero la gracia de Dios será vuestra fortaleza.

Al pronunciar estas últimas palabras, la Señora abre las manos, que hasta entonces ha mantenido juntas, y una luz muy intensa penetra lo más íntimo del alma de los videntes "haciéndonos ver —escribe Lucia años después— a nosotros mismos en Dios, que era esa misma Luz, más claramente que nos vemos en el mejor de los espejos".

En ese mismo momento, por un impulso interior, caen de rodillas y repiten en su corazón: "¡Oh Santísima Trinidad, yo te adoro. Dios mío, Dios mío, yo te amo en el Santísimo Sacramento!".

Recobrados los pastorcillos, la Señora añade:

–Rezad el rosario todos los días para alcanzar la paz del mundo y el fin de la guerra.

Y comienza a elevarse suavemente, subiendo hacia el Oriente, hasta desaparecer en la inmensidad de la lejanía. Parecía como si la luz que la rodeaba fuese abriéndose camino en la bóveda celeste...

4
No te abandonaré nunca

–¡Qué Señora tan hermosa! ¡Qué hermosa era la Señora! —Jacinta no sabe decir otra cosa durante toda la tarde y durante el regreso hacia el caserío con el sol ya muy bajo en el horizonte.

–Espero que no se lo cuentes a todo el mundo —le dice Lucia, viéndola tan fuera de sí.

–¡No, no diré nada! ¡No diré nada! ¡No tengas miedo! —pero su corazón palpitaba estrepitosamente.

En su casa sus padres no han llegado todavía. Después de la misa se han ido al mercado de Batalha. Así, mientras Lucia cena en silencio con su familia, Jacinta espera en el camino el regreso de su madre. Apenas la ve, se le echa al cuello:

–Mamaíta, hoy he visto a la Santísima Virgen en la Cova da Iría.

–¡Jesús! ¿Qué dices? ¿Te has vuelto loca?

–No, mamá. Lucia y Francisco la han visto también.

Ya en casa, cuenta con todo detalle la aparición. Francisco no dice nada, pero asiente con la cabeza.

Por la mañana Olimpia corre a ver a su cuñada María Rosa.

–¿Te has enterado de lo que cuentan los niños?

–No. Lucia no me ha dicho nada.

Olimpia la pone al corriente.

–¡Qué barbaridad! —y acude a ver a su hija.

Ésta calla imperturbable y no abre la boca. Aprovechando que tiene que salir con el rebaño, se escabulle y se va en busca de sus primos.

Al llegar a los pastos, como todos los días, las ovejas se mueven tranquilas entre la hierba. Francisco cuelga el zurrón en la rama de un árbol. Jacinta se sienta pensativa sobre una piedra. Lucia la llama.

–Jacinta, ven a jugar.

–Hoy no quiero jugar.

–¿Por qué?

–Porque estoy pensando que aquella Señora nos dijo que rezásemos el rosario e hiciésemos sacrificios por la conversión de los pecadores. Ahora, cuando recemos el rosario, tenemos que rezar las avemarías y el padrenuestro enteros. ¿Y qué sacrificios podemos hacer?

Francisco no se lo pensó mucho:

–Vamos a darle nuestra comida a las ovejas y así haremos el sacrificio de no comer.

Y repartieron el contenido del zurrón entre los animales.

Jacinta seguía sobre su piedra.

–Aquella Señora también dijo que iban muchas almas al infierno. ¿Qué es el infierno?

–Un lugar con una hoguera muy grande, dice mi madre —le responde Lucia—. Allí van los que hacen pecados y no se confiesan. Y nunca salen de allí.

–¿Nunca?
–No. El infierno no se termina.
–¿Y el cielo tampoco se acaba?
–El que va al cielo ya nunca sale de allí.
–¡Qué buena es esa Señora! ¡Nos prometió llevarnos al cielo!

A Jacinta le quedó algo muy claro. Tenían que sacrificarse para que nadie fuera al infierno. El día que se encontraron con lo niños huérfanos del caserío de la Moita, que solían merodear por los caminos pidiendo limosna, preguntó:

–¿Damos nuestro almuerzo a esos pobrecitos?

Y así lo hicieron... Por la tarde, la niña tenía hambre. Francisco se subió a una encina para coger bellotas, pero ella prefirió las de los robles.

–No comas eso, que amarga mucho —le dijo Lucia.

–Por eso las tomo, porque son amargas, para convertir a los pecadores —contestó Jacinta.

Un día muy caluroso les tocó ir a un pasto lejano en un campo ofrecido por unos vecinos de Aljustrel. Por el camino, cómo no, se encontraron a sus "queridos pobrecitos", como los llamaban, que desde el día que recibieron el regalo del almuerzo, andaban siempre en su busca para hacerse los encontradizos. Les dieron, una vez más, la merienda y siguieron monte arriba.

A la hora de la siesta, el sol daba de pleno sobre el erial lleno de piedras, árido y seco donde pastaban las ovejas. La sed se hizo sentir.

–Cerca de aquí hay una casa. Voy a buscar un poco de agua —dice Lucia.

Al rato, volvió con una jarra y un pedazo de pan.

–Toma, Francisco, bebe.

–No quiero.

–¿Por qué?

–Quiero sufrir por los pecadores.

–Bebe tú, Jacinta.

–¡También quiero ofrecer el sacrificio por los pecadores!

Lucia derramó el agua sobre el hueco de una losa, para que bebiesen las ovejas, y fue a devolver la jarra a su dueño.

Así empezaron los pastorcillos sus sacrificios: como su imaginación les dio a entender.

Una semana entera le costó a María Rosa conseguir que Lucia se sincerase. Una semana en la que su enfado crecía al ver cómo en el pueblo no se habla de otra cosa. Chismorreo, incredulidad, asombro.

–Dicen que han visto a la Santísima Virgen. ¿No te digo? ¿Qué se creerán esos mocosos?

–La culpa es de la familia... ¡Si los educasen mejor!

Una mañana, por fin, se encuentra a solas con su hija en el establo. No hay salida y Lucia ya no se puede negar y le cuenta la verdad sencillamente.

–¡Yo nunca he permitido una mentira en boca de mis hijos! Ahora sal con el rebaño y esta tarde, cuando regreses, irás conmigo a todas las casas del pueblo. ¡Confesarás que los has engañado y les pedirás perdón!

Lucia se reúne con sus primos, triste y preocupada:

–Mi madre quiere que me desdiga y ¡yo no puedo hacerlo!

–¿Ves, Jacinta? —le dice Francisco a su hermana—. Tú tienes la culpa, ¿por qué has tenido que hablar?

Jacinta se echa a llorar.

–Yo tenía dentro de mí una cosa que no me dejaba estar callada. He hecho mal, pero prometo no volver a decir nada a nadie.

La cita del 13 de junio se acerca. La familia de Lucia no está dispuesta a dejarla ir a la Cova da Iría. Padre, madre y hermanas están enfadadas con ella, porque se niega en redondo a desmentir la aparición ante los vecinos. La presionan, la riñen y aún se le escapa algún escobazo a María Rosa. Olimpia y su marido se portan muy distintamente con sus hijos: los protegen y, por supuesto, aunque se oponen tímidamente, están dispuestos a que acudan a la cita con la Señora.

El día 13, miércoles, es la fiesta de San Antonio de Padua, patrón de Portugal, al que allí conocen como San Antonio de Lisboa, lugar de su nacimiento. Esta coincidencia hizo pensar a los padres de los pequeños que les convencerían para ir a las fiestas y así se olvidarían de Cova da Iría. ¡Cómo iban a dejar de asistir a la misa, a la procesión, a la romería, con música y bailes y puestos de golosinas!

Las hermanas de Lucia se ríen de ella:

–Vamos a ver si dejas la fiesta para ir a Cova da Iría para hablar con esa señora misteriosa.

Olimpia hace también un último y tímido intento:

–Así, pues, Jacinta, hija, ¿no quieres ir a la fiesta de San Antonio?

–No, mamá, yo iré con Lucia y Francisco a la Cova. Si la Señora nos hubiera dicho que debíamos ir a la fiesta de San Antonio, iríamos.

–Bueno, hija. Mañana muy temprano nos vamos a la feria de Porto de Mos. Queremos comprar una pareja de bueyes. Volveremos por la noche.

A la hora convenida están ya los pastorcillos en la Cova. Van con Lucia una docena de sus compañeras de catecismo y algunos vecinos —unas cincuenta personas— de Aljustrel y los caseríos circundantes, Minde, Carrascos, Boleiros..., que han ido a buscarla y la siguen con una extraña mezcla de curiosidad y convencimiento. Mientras esperan, todos rezan el rosario. Al terminar el quinto misterio, los más cercanos le preguntan a Lucia:

–¿Falta mucho?

La muchacha no tiene tiempo de contestar. Da un respingo:

–¡El relámpago! ¡La Señora llega!

Cuando la joven y hermosa Señora se posa sobre la pequeña encina, Lucia se dirige inmediatamente a ella con la naturalidad y sencillez infantil:

–Usted nos mandó que viniésemos hoy aquí. ¿Qué desea de mí?

–Volved aquí el 13 del mes próximo y no dejad de rezar el rosario todos los días... Quiero que aprendáis a leer; luego os diré lo que deseo.

Lucia le pidió la curación de un enfermo que le habían encomendado.

–Que se convierta y se curará dentro del año.

Lucia se sintió más atrevida.

–Señora, quisiera pediros que nos llevéis al paraíso.

–Sí —respondió—. *A Jacinta y a Francisco vendré pronto a llevarlos conmigo. Pero tú debes quedarte aquí algún tiempo más. Jesús quiere servirse de ti para que me hagas conocer y amar. Quiere establecer en el mundo la devoción a mi Corazón Inmaculado. A los que lo abracen yo les prometo la salvación. Estas almas serán amadas por Dios como flores colocadas por mí cerca de su trono.*

–Entonces, ¿debo quedarme solita aquí abajo? —preguntó Lucia, embargada de tristeza.

–No, hija mía... ¿Sufres mucho por eso? No te desanimes. No te abandonaré nunca. Mi Corazón Inmaculado será tu refugio y el camino que te conducirá a Dios.

Inmediatamente, abrió las manos y, como en la primera aparición, los niños se sintieron inundados por la intensa luz que los sumergía en la profundidad de Dios. Esta vez, la luz que la Señora lanza sobre ellos toma dos direcciones. A Lucia le pareció como si ella se encontrase dentro del haz refulgente que se inclina hacia la tierra y sus primos en el que se eleva hacia el cielo. Delante de la palma de la mano derecha de la Señora aparecía un corazón rodeado de espinas...

Francisco, muy impresionado por lo que había visto, pero no oído, preguntó después:

–¿Por qué la Señora estaba con un corazón en la mano que irradiaba aquella luz tan potente? Tú, Lucia, estabas en la luz que bajaba a la tierra con Ella y Jacinta conmigo en la que subía hacia el cielo.

–Es que tú y Jacinta iréis pronto al cielo. Yo me quedo aquí en la tierra con el Corazón Inmaculado de María[9].

Esta segunda aparición ha tenido testigos, que vuelven a sus caseríos contando lo que ha sucedido. La noticia se difunde y se extiende hasta salir de los límites de la parroquia y de la misma comarca de Fátima.

–La verdad es que no hemos visto a la Señora, ni escuchado sus palabras, pero ¡qué maravilla de ambiente sobrenatural! —decía una mujer—. Cómo me emocioné al ver a Lucia arreglándose la mantilla sobre la cabeza, como si entrase en la iglesia, cuando dijo que llegaba la Señora.

–Pues yo sí he visto —decía otra—. Cuando Lucia dijo que la Señora se marchaba hacia el Este, observé como las ramas de la encina se reunían e inclinaban hacia el mismo lado, como si la Señora hubiese dejado arrastrar su vestido por el ramaje.

–Pues, yo no he visto nada. Las ramas las habrá movido el viento.

–No había ni la más ligera brisa. Sólo se movieron las ramas de la encina de la aparición.

La cosa es que en Fátima y en toda la sierra del Aire no se hablaba ya de otra cosa. Los que conocían

---

9. Este es el *pequeño secreto* de Fátima, que Lucia no reveló hasta diez años después, convencida, como sus primos, de que debían guardar silencio sobre lo que afectaba a su propio porvenir.

Los videntes con algunos peregrinos.

a los niños, y no dudaban de su veracidad, creían en la realidad de las apariciones. La mayoría permanecía escéptica, y muchos hostiles ante aquellas habladurías de chiquillos y beatas. También en la casa de los Dos Santos, donde la segunda aparición no trajo la paz y María Rosa se empeñaba en contradecir y ridiculizar a su hija.

Su marido, Antonio, también lo pasaba mal en la taberna.

–¡No sabíamos que tenías una santita en la familia, como la de Lourdes!

–Dejarse de bromas. ¡Que ya tengo bastante con lo que aguanto en casa con esas tonterías!

Los padres de Jacinta y Francisco, por su parte, estaban convencidos de la sinceridad de sus hijos, pero temían que fuesen víctima de alguna ilusión.

–A ver si me vais a obligar a imponeros un serio castigo, porque estáis engañando a todo el mundo... Por culpa vuestra, mucha gente va a la Cova da Iría —dice Olimpia.

–Nosotros no obligamos a ir a nadie. Los que no quieran ir que no vayan —contesta Jacinta.

Los sacerdotes de la comarca se muestran en general incrédulos, sobre todo el párroco de Fátima, Manuel Marques Ferreira, que decide tomar cartas en el asunto.

Manda recado a María Rosa para que acuda con su hija a la casa rectoral.

–Bueno, ahora se arreglará todo. Se acabarán los problemas. ¡Ya no me irrites más! Tú —dice a

Lucia— le dirás al señor cura que has mentido, a fin de que pueda el próximo domingo desengañar a todo el mundo. ¿Te parece bonito hacer correr a la pobre gente a la Cova da Iría para rezar delante de un árbol?

El párroco los recibe con amabilidad. Interroga a la niña con todo detalle sobre los sucesos. Luego concluye calmosamente:

–A mí no me parece que todo esto venga del cielo. ¿Es posible que Nuestra Señora haya descendido para pedirnos que recemos el rosario todos los días cuando ya es costumbre casi general en esta parroquia? Cuando Nuestro Señor se comunica a las almas les recomienda habitualmente que lo expliquen todo a su confesor o a su párroco. Esta niña, en cambio, se cierra en su mutismo. Esto pudiera ser un engaño del demonio. En fin, el tiempo nos dirá la verdad.

Lucia salió contenta. El párroco no la había castigado ni reñido. Sólo le pidió a su madre que volviese con ella después del próximo 13 de julio.

La alegría le duró poco a Lucia. Una palabra empezó a martillear en su cabeza. ¡El demonio! El cura había hablado de un engaño del demonio. ¿Será Satanás que me quiere engañar y perder?

Le confió sus temores a Jacinta.

–No puede ser el demonio. No, no puede ser él. El demonio es demasiado feo y habita bajo tierra, en el infierno. La Señora ¡es tan hermosa! ¡Y hemos visto cómo subía al cielo!

Lucia, sin embargo, sigue sufriendo. Sus padres no dejan de reñirle ni de tratarla con despego, tildándola de mentirosa. Y mucho más cuando en la comarca empieza a crecer el número de los creyentes convencidos que van a rezar con fervor en la Cova da Iría a la misteriosa Señora, que todos estaban seguros de que era la Virgen.

Lucia, ante el ambiente desfavorable de su casa, en cuanto vuelve del pastoreo se suele esconder tras un seto, cerca del pozo de su casa, a rumiar sus temores e inquietudes. ¡Hasta ha tenido una pesadilla en la que ha sentido al demonio venir por ella! Cuando, a la noche, regresa a la casa, vuelven las burlas.

–¡Mirad la niña! ¡En cuanto deja las ovejas se pasa el tiempo en jugar! ¿Una santita? Sí, pero de madera apolillada.

Y Lucia llora. Jacinta, que se da cuenta, le dice:

–No llores. Seguro que estos son los sacrificios que el ángel dijo que nos pediría Dios. Por eso tus sufrimientos son para convertir a los pecadores.

5
El gran secreto

La tercera aparición anunciada está a las puertas. La expectación crece. Una vecina del caserío de Mouta, María Carreira, tuvo la ocurrencia de preparar el lugar para el regreso de la Señora. Ayudada por su marido y por sus hijos, construye un tosco arco ante la encina de la aparición: dos troncos sobre los que descansa un tercero, coronado por una cruz. Además, como protección, construye a su alrededor una cerca de ladrillos con una puertecilla. Desde entonces, María Carreira se ganó el nombre de María de la Capelinha, porque fue quien levantó la primera "capillita" en Cova da Iría.

La víspera del 13 de julio una gran multitud aparece en Fátima, ávida de presenciar los sucesos del día siguiente. Lucia, que sigue con sus dudas, se asusta. Todos la buscan, quieren hablar con ella. Por la noche fue a casa de sus primos.

–Yo no voy mañana a Cova da Iría.

–¿Qué dices? La Señora nos mandó que fuéramos —le contestó Jacinta—. Nosotros iremos. Si hace

Casa familiar donde vivían Francisco y Jacinta Marto en Aljustrel.

falta, yo seré quien hable con ella. —Un momento de valentía y, al instante, la pequeña se echa a llorar—: ¿Por qué no quieres venir con nosotros?

–Si la Señora te pregunta por mí, dile que no he ido porque temo que sea un engaño del demonio —contesta Lucia.

No hubo forma de convencerla.

–Rezaré para que vengas —le dice Francisco.

Amanece el día 13, viernes. La mañana transcurre y llega la hora de partir para la cita. Lucia siente una fuerza interior que la impulsa a casa de sus primos.

–¿Es que no vais? ¡Ya es hora?

–Sin ti, no nos atrevíamos —le contesta Jacinta, de nuevo entre lágrimas.

Por fin, se deciden y van.

Esta vez, Manuel Pedro acompaña a sus hijos. La Cova está llena de gente. Unas cuatro mil o cinco mil personas, la primera gran concurrencia de Fátima, ocupan la pradera.

Muchas, para resguadarse del sol del verano, llevan paraguas a modo de sombrillas. María Rosa y su cuñada Olimpia acuden también, pero se mantienen a distancia entre unos árboles. Desde allí ven a sus hijos abrirse paso dificultosamente entre la multitud, hasta ponerse ante la encina engalanada de cintas.

Un relámpago estalla en el cielo.

–¡Cierren los paraguas! —grita Lucia. Luego se calla, turbada, pensando quizá en las dudas que ha tenido.

–La Señora espera que le hables —murmura Jacinta.

–¿Qué queréis de mí, Señora?

–Continuad viniendo aquí todos los meses. En octubre os diré quién soy y qué deseo, y haré un gran milagro para que todo el mundo pueda creeros.

La Visión vuelve a pedir, por tercera vez, el rezo diario del rosario.

–Rezadlo para que termine la guerra. Sólo la intercesión de la Santísima Virgen puede conseguir esta gracia.

–Señora, tengo muchas cosas que pediros... —dijo Lucia y empezó a enumerar la serie de peticiones de gracias que le habían recomendado: ese enfermo, aquel tullido...

La Señora fue contestando con paciencia a todas las peticiones... Dijo que el tullido no se curaría, pero que podría valerse por sí mismo y ganarse la vida[10].

Luego dijo:

–Sacrificaos por los pecadores y decid a menudo, especialmente al hacer algún sacrificio: "Oh, Jesús, es por tu amor, por la conversión de los pecadores y en reparación de los pecados cometidos contra el Inmaculado Corazón de María".

En este momento, muchos de los asistentes oyen como a Lucia se le escapa un grito.

–¡Ay, Virgen Santa!

Los rostros de los videntes reflejan una enorme tristeza. La Visión ha separado las manos, como en las otras apariciones. El haz de luz, que hace brotar, penetra en las profundidades de la tierra. Los niños se ven como en un gran mar de fuego. Figuras horribles parecen agitarse en las oleadas de sus llamas, unas con aspecto humano, otras con formas de extraños animales. Brasas transparentes moviéndose en un fuego terrible. La visión dura sólo un instante... La voz de la Señora suena triste.

–Habéis visto el infierno donde van a terminar las almas de los pobres pecadores. Para salvarlas, el Salvador quiere instituir en el mundo la devoción de mi Corazón Inmaculado. Si se hace lo que yo os digo, muchas almas se salvarán y se tendrá la paz. La guerra va hacia su fin; pero si no se cesa de ofen-

10. Y así fue. El tullido era João Carreira, el hijo de María de la Capelinha.

der al Señor, bajo el reinado de Pío XI comenzará otra peor[11].

La Señora les comunica la señal:

–Cuando veáis una noche iluminada por una luz desconocida, sabed que es la gran señal que Dios os da de que está próximo el castigo de los crímenes del mundo por medio de la guerra, el hambre y las persecuciones contra la Iglesia y contra el Santo Padre. Para impedir eso vendré a pedir la consagración de Rusia a mi Corazón Inmaculado y la comunión reparadora de los primeros sábados.

Si se escuchan mis peticiones, Rusia se convertirá y se tendrá la paz. Si no, ella propagará sus errores por el mundo y provocará guerras y persecuciones contra la Iglesia. Muchos buenos serán martirizados, el Santo Padre tendrá mucho que sufrir; algunas naciones serán aniquiladas...

La Virgen sigue desvelándoles el futuro, pero esta parte de su revelación quedó reservada hasta el 13 de mayo del 2000[12].

–Pero, finalmente, mi Corazón Inmaculado triunfará. Rusia será consagrada, se convertirá, y un tiempo de paz será dado al mundo.

---

11. La Segunda Guerra Mundial comenzó bajo Pío XII el 1 de septiembre de 1939, muerto ya Pío XI en febrero de ese año. Sor Lucia mantuvo siempre que la guerra comenzó cuando Hitler inició la ejecución de sus planes y se anexionó Austria en marzo de 1938.

12. Es la tercera parte del *gran secreto* de Fátima, que quedó guardada en la Santa Sede hasta su revelación en la ceremonia de beatificación de Francisco y Jacinta. Las dos primeras –la visión del infierno y la admonición de María sobre la nueva Guerra Mundial y Rusia– se hicieron públicas mucho antes, en 1942, 25º aniversario de las apariciones.

No digáis esto a nadie; a Francisco podéis decírselo.

La Señora calla unos momentos, luego continúa:

–Cuando recéis el rosario, decid al fin de cada decena: "Jesús mío, perdona nuestros pecados; líbranos del fuego del infierno; lleva al cielo a todas las almas, principalmente aquellas que tienen más necesidad de tu misericordia".

La aparición se desvanece sin que ninguno de los miles de congregados la hubiese visto ni oído. Esta vez, sin embargo, todos pudieron contemplar una pequeña nubecilla que rodeaba a los niños junto a la encina durante su diálogo con la Señora.

6
El *Hojalatero*

–¿Por qué estás triste, Lucia? —le pregunta una de las muchas personas que la interrogan sobre lo que ha dicho la Virgen.

–Es un secreto.

–¿Un secreto? ¿Bueno o malo?

–Para unos, bueno; para otros, malo.

La niña no ha podido evitar un cierto aire de tristeza. Está turbada por la visión del infierno y el anuncio de guerras y calamidades. En el fondo de su alma, sin embargo, siente una gran alegría. Sus dudas se han disipado y cree fervientemente en la Señora.

Menos mal —piensa— que nos ha prometido llevarnos al cielo. Si no, me muero al ver ese lugar tan terrible. Además, ha anunciado un gran milagro para que todos me crean.

La noticia de la tercera aparición se extiende por todo el país. Los periódicos anticlericales ayudan a su difusión con su empeño en ridiculizar esos acontecimientos o en ver tras ellos las fuerzas de la más negra reacción. «Hay que matar en germen esa explosión de misticismo», escribe *O Seculo*, el gran diario de Lisboa... El resultado es que Fátima es definitivamente conocida de un extremo a otro de Portugal.

–La Virgen hará un gran milagro y ha comunicado un gran secreto —es el fondo de todas las conversaciones. Muchas son las personas que creen y peregrinan a rezar en la Cova da Iría.

En Fátima se ven las cosas de otra manera.

–Mis campos de la Cova son pisoteados. Este año no recojo ni una mala cosecha de lo que he sembrado —se queja un vecino a María Rosa—. La culpa la tiene tu hija. ¡A ver quién me paga a mí lo que estoy perdiendo!

La madre no acaba de creer. Le impresiona el silencio del párroco. Está harta de quejas y de la enorme cantidad de personas que acuden a hablar con su hija.

–Esa pobre gente llega confiada, engañada, por vuestras invenciones —les dice a los niños—. Verdaderamente, no sé qué hacer para desengañarlas.

Y nada se puede hacer. Esperar a que pase todo. Los niños, mientras tanto, andan por los campos o charlan en el caserío, siempre con el mismo asunto. Una atmósfera sobrenatural parece rodearles y los incita a la oración. Jacinta recuerda continuamente las palabras de la Virgen sobre la guerra que vendrá. Y reza para que no suceda.

Un día, pasan los tres las horas calurosas de la siesta en el corral de la casa de Lucia. Jacinta se queda junto al pozo mientras Francisco y Lucia se acercan a buscar miel silvestre entre unos matorrales en los que habían visto un enjambre. Al rato, Jacinta llama a su prima:

–¿No has visto al Santo Padre?

–¿Al Papa? No, no he visto nada.

–No sé cómo fue. Pero he visto al Santo Padre en una casa muy grande, delante de una mesa, llorando con las manos en la cara. Fuera de la casa había mucha gente, unos le tiraban piedras, otros le maldecían... ¿Crees que lo debo contar para que recen por él?

–No. No debes contar nada ¿No ves que eso forma parte del secreto y se descubriría todo?

–Está bien. Entonces no digo nada —se conforma Jacinta.

En otra ocasión estaban en el roquedal del Cabezo. Las ovejas pastaban y ellos se pusieron de rodillas para rezar la oración del ángel. De pronto, Jacinta se levanta:

–¿No ves muchas carreteras, muchos caminos y campos llenos de gente llorando porque no tienen qué comer...? ¿Y al Santo Padre en una iglesia, rezando delante del Inmaculado Corazón de María?

–No, no he visto nada —le responde su prima.

Llega el 13 de agosto y una inmensa multitud ocupa la Cova da Iría. Dieciocho mil, veinte mil personas han afluido de todo Portugal para asistir a la anunciada cita con la Señora. Cada uno ha acudido como puede: a pie, en carruajes, carros, automóviles y bicicletas y en toda clase de cabalgaduras: caballos, asnos, mulos...

El sol sube a lo más alto. Es mediodía. Los videntes no se presentan. La multitud, decepcionada, espera un rato... Una voz se alza en grito:

–¡Los niños han sido raptados!

Otra voz le hace eco:

–¡Se los ha llevado el administrador de Ourem!

La cólera empieza a levantarse en la multitud... cuando resuena un gran trueno, que estremece la tierra. Un relámpago atraviesa el aire. El cielo se vuelve ligeramente dorado y la luz del sol disminuye. Una nubecilla llega flotando hasta la encina, despojada ya de hojas. Allí se mantiene los diez minutos acostumbrados. Se eleva, se disipa.

–¡La Virgen ha estado aquí!

Nadie la ha visto, pero se han contentado con las señales de su presencia. Y la multitud se disuelve pacíficamente.

¡Ya no volverá hasta el mes que viene! ¿Dónde estarán los pastorcillos?

Acertaron los que le echaban la culpa de su desaparición al administrador de Vila Nova de Ourem, quizá porque lo habían visto aquella mañana en Aljustrel.

Si la prensa sectaria había manifestado su alarma ante esa explosión de religiosidad, no era menor la preocupación del Gobierno revolucionario de Portugal. Había que terminar con aquellas historias. ¿Y a quién mejor encargarlo que al administrador del Concejo del que dependía Fátima?

Arturo de Oliveira Santos, conocido por el *Hojalatero*, a causa de su oficio, es un convencido y combatiente anticlerical desde su juventud. A sus treinta años era el dueño y temido señor de la comarca. Inmediatamente, se puso manos a la obra. Lo primero fue llamar a su presencia a los videntes y a sus padres. El 11 de agosto, Antonio acude a pie, llevando a Lucia montada en una burra. Manuel llega solo.

–¿Por qué no ha traído a sus hijos como se le ordenó? —se enfadó el administrador.

–Son muy pequeños para hacer un viaje de tres leguas[13] y menos para comparecer ante un tribunal —respondió.

–¿Qué me puede usted decir del caso? ¿Quiénes mueven a su hija para que extienda esas patrañas? ¿Qué sabe usted de ese secreto? —le pregunta a Antonio dos Santos.

–Pregúntele a ella. Yo no creo ni doy importancia a toda esta historia de mujeres. Yo no saco de esto más que dolores de cabeza.

"Qué diferentes son mis padres de mis tíos —piensa Lucia—. Ellos los defienden, mi padre me entrega."

–¿Tú eres la que cuentas esas grandes mentiras?

–Yo no miento, Señor, yo digo lo que he visto.

–Pero, no lo cuentas todo. ¿Hay o no un secreto?

–Sí, pero no lo puedo decir sin permiso de la Señora.

–Eso son tonterías tuyas. Mira, te dejaré en paz si prometes que no irás más a la Cova da Iría. Si no, te expones a un gran castigo.

---

13. La legua equivale a poco más de cinco kilómetros y medio.

–Yo no puedo prometer eso.

El tío Manuel intervino.

–Los niños son sinceros. ¿Qué hay de malo en que se les aparezca la Virgen, o que ellos lo crean? Eso no es un delito.

El administrador ve perdida la partida.

–Bueno, os podéis marchar... por ahora. Pero os aseguro que he de averiguar la verdad, aunque tenga que matar a esta pequeña recalcitrante.

Cuando Lucia vuelve a su casa se encuentra a sus primos rezando entre lágrimas, junto al pozo.

–¡Ay, qué alegría, ya estás aquí! La prima Gloria vino a buscar agua y nos dijo que habías sido condenada y te habían matado... ¡Hemos rezado y llorado tanto por ti!

El *Hojalatero* cambia de táctica. El día 13 de agosto por la mañana, el esperado día de la anunciada aparición, se presenta en Aljustrel y va a casa de los niños.

–Yo también quiero ver el milagro. Como Santo Tomás, ver y creer... Andad, id a la casa del cura, que os vamos a hacer antes unas preguntas.

Otra vez intenta averiguar el famoso secreto. El interrogatorio no sirve de nada. Lucia, Jacinta y Francisco insisten en que no pueden revelarlo.

–El tiempo de la cita se echa encima —dice el administrador—. Os llevaré a la Cova en mi calesa[14]. Así llegaremos más pronto y podréis pasar mejor entre la gente.

---

14. Carruaje de dos ruedas provisto de capota.

Los padres no tienen nada que objetar. El coche toma el camino de la Cova. En el cruce con el camino vecinal, tuerce en dirección a Vila Nova de Ourem.

–Señor, ese no es el camino —dice Francisco.

–No os preocupéis. Damos un rodeo para llegar más pronto.

Pero donde paró el carruaje es a la puerta de la casa del administrador.

–¿Qué haces aquí con estos niños? —le pregunta su mujer.

–Son los videntes de Fátima. Los quiero interrogar lejos de su ambiente y de sus padres, a ver si descubro, por fin, lo que se esconde detrás de estas patrañas.

La mujer, católica ferviente, se calla y les da de comer a los pequeños. Luego el *Hojalatero* inicia de nuevo sus insistentes preguntas. No tiene éxito. Los encierra en una habitación. Allí pasan la noche cuidados por su preocupada esposa.

Al día siguiente cambia de escenario. Los conduce a las oficinas del Concejo. Allí vuelven las presiones, las amenazas de castigos, las promesas de premios... De nada sirven.

–Pues, ¡hala! A la cárcel. De allí no saldréis hasta que no confeséis el secreto. Y si tardáis mucho, se os freirá en aceite.

Dos guardias los meten en una amplia celda con presos comunes. Los presos no acaban de entender qué hacen allí unos niños tan pequeños.

–¿De dónde sois? ¿Por qué os han metido en la cárcel?

–De Fátima.

Los niños cuentan ingenuamente su historia... Pasa el tiempo y Jacinta llora.

–Ni tus padres ni los míos vienen a vernos. ¡No les importa nada de nosotros!

–No llores —le dice Francisco—, ofrezcámoslo a Jesús por los pecadores.

Jacinta levanta los ojos y las manos al cielo.

–¡Oh, mi Jesús, es por tu amor y la conversión de los pecadores!

Al rato, la pequeña vuelve a llorar.

–¿Qué te pasa ahora? —le pregunta Lucia.

–Que vamos a morir sin volver a ver a nuestros padres ni a nuestras madres. ¡Y yo quiero ver a mi madre!

–Entonces, ¿tú no quieres ofrecer este sacrificio?

–Quiero, quiero —y vuelve a repetir el ofrecimiento.

Los presos, que presencian la escena, intentan consolarla.

–Pero, si todo lo que tenéis que hacer es decir al señor administrador ese secreto. ¿Qué os importa que esa señora no quiera?

–¡Eso nunca, antes prefiero morir! —exclama Jacinta con vehemencia.

–Ahora tenemos que rezar el rosario pedido por la Señora.

Jacinta se saca la medalla que lleva al cuello y le pide a un preso que la cuelgue de un clavo de la pared.

Los niños se arrodillan ante la pequeña imagen y comienzan el rezo. Los presos, uno tras otro, se van poniendo de rodillas y se unen a la oración.

Cuando acaban, uno de ellos saca su acordeón.

–Vamos, pequeños, hay que distraerse un poco. ¿Sabéis bailar? —les pregunta a las niñas.

–Sí, sobre todo el fandango.

Y comienza un animado baile. Jacinta hace pareja con un pobre ladrón. Éste la ve tan pequeña, que acaba la danza con ella entre los brazos.

En eso estaban, cuando los guardias reaparecen. Los sacan de la celda y los llevan a presencia del administrador.

–Bueno, ya está bien. ¡Poned al fuego una gran caldera de aceite! ¡Encerradlos en esa habitación!

Otra vez se encuentran solos, atemorizados. Al poco, vuelve el *Hojalatero*, acompañado de un guardia. Toma a Jacinta violentamente por un brazo.

–Si no hablas, serás la primera en ser frita.

Se llevan a la niña a una habitación contigua. Al poco, regresa el verdugo.

–¡Ya está una...! ¡Ahora, tú, Francisco!

Lucia está convencida de que el *Hojalatero* habla en serio. Así que se encomienda a la Virgen y espera su turno. Por fin, la llevan a la sala del suplicio...

–¡Oh, si estáis aquí!

Sus primos la abrazan, sanos y salvos, pero muy asustados.

Esa noche la pasan, de nuevo, en la casa del administrador, al cuidado de su mujer, que no sabe cómo compensar la conducta de su marido. Amanece el día 15, fiesta de la Asunción, y el *Hojalatero* comprende que debe ceder. Vuelve a tomar la calesa y lleva a los niños a Aljustrel, a la casa del cura.

Los padres acuden presurosos a abrazar a sus pequeños. Han pasado dos días de incertidumbre, sin saber qué hacer. También la gente está indignada y se agolpa ante la casa rectoral mostrando su desacuerdo con el administrador que pasa un mal rato. También hay palabras para el párroco, al que el pueblo cree cómplice del secuestro.

–Yo no he tenido nada que ver —les dice el padre Marques Ferreira—. Sólo que el administrador los trajo a mi casa para interrogarlos.

El eco del incidente se extendió por todo el país. El párroco se vio obligado a escribir una carta abierta a varios periódicos salvando su responsabilidad en el enojoso caso... El administrador de Ourem tuvo que escuchar el reproche irónico de un compañero.

–Si Fátima se convierte algún día en el Lourdes de Portugal, tú tendrás la culpa.

7
En octubre haré un gran milagro

De todo lo que han sufrido en su aventura, sólo les queda a los niños la pena de haber faltado a la cita con la Señora.

Francisco no deja de decir con pena:

–La Señora puede haberse quedado triste porque no hemos ido a Cova da Iría, y no se nos volverá más a aparecer. ¡Me gustaba tanto verla!

Pero Ella no los ha olvidado.

El 19 de agosto es domingo. La asistencia a la misa matinal les obliga a sacar a pastar las ovejas por la tarde. Lucia va con sus primos Francisco y Juan[15]. Sus padres no han permitido ir a Jacinta. Llevan el rebaño a unos pastos cercanos, entre Aljustrel y el Cabezo, que llaman los Valinhos[16]. A las cuatro de la tarde, Lucia observa el conocido resplandor que anuncia a la Señora.

–Juan, ¡corre a buscar a tu hermana!

---

15. Juan, João Marto, fue el último superviviente de Fátima, excepto Lucia. Juan murió a los 94 años, en abril del 2000, a pocas semanas de la beatificación de sus hermanos, el 13 de mayo.
16. *Valinhos*: Vallecitos.

–¡Qué va! ¡Yo quiero ver qué es lo que pasa!

–¡Por favor, corre! Te doy una moneda de veinte.

Algo es mejor que nada, piensa Juan, y sale corriendo. Cuando vuelve con Jacinta, estalla el segundo relámpago. La Señora está allí, sobre una encina un poco más alta que la de la Cova. Los videntes se arrodillan.

–¿Qué desea de mí?

–Quiero deciros que continuéis yendo a la Cova da Iría todos los días 13 hasta octubre y que sigáis rezando el rosario todos los días.

–¿Y haréis el milagro, Señora?

–Sí. El último mes haré un gran milagro para que todos crean. Si no os hubiesen llevado a la cárcel, el milagro habría sido más grandioso.

Lucia le pregunta por el empleo del dinero que la gente deja al pie del arbusto de las apariciones.

–Que se hagan dos andas[17]*. Una la llevarás tú con Jacinta y otras dos niñas vestidas de blanco; la otra la llevará Francisco con tres muchachos vestidos también con túnicas blancas. Lo recogido es para celebrar la fiesta de Nuestra Señora del Rosario.*

Lucia vuelve a pedir la curación de algunos enfermos. Algunos se curarán ese mismo año, contesta la Señora. Y, en seguida, vuelve a insistir:

–Rezad, rezad mucho y haced sacrificios por los pecadores, pues muchas almas van al infierno porque no hay nadie que se sacrifique y ruegue por ellas.

---

17. Las andas usadas en Fátima y otros lugares no son para transportar imágenes sino para recoger ofrendas en especie y en dinero.

Esta vez, cuando la visión desaparece, los niños se atreven a cortar unos ramitos de la encina, precisamente aquellos en que la Señora había posado sus pies.

Al llegar a Aljustrel, María Rosa charla a la puerta de su casa con unas amigas.

–Tía, hemos vuelto a ver a la Señora. En Os Valinhos —le dice Jacinta.

–¡Ya estáis otra vez con vuestras visiones! Por lo visto, esa Señora se pasea siempre por donde vosotros estáis... ¿Tú, también, lo has visto, Juan?

–Yo sólo he visto a Lucia, Francisco y Jacinta que se arrodillaban junto al árbol. Luego he oído todo lo que decía Lucia. Y cuando ella dijo: ¡Se va!, he oído como un trueno parecido al estallido de un cohete.

–Es verdad, tía, la hemos visto. Mira, en estas ramitas ha posado sus pies.

–A ver, a ver, traed —y la tía las toma en sus manos—. ¡Qué perfume tan agradable... y tan extraño!

Las vecinas también notan ese delicioso olor que impregna todo el caserío.

¿Y si mi hija llevase razón? —piensa por primera vez la madre de Lucia—.

Por la noche, lo comenta con su marido.

–Yo creo que hay que dejarla tranquila —le contesta Antonio—. No sabemos si cuanto dice es cierto; pero tampoco podemos probar que sea falso.

Y siguen aguantando el ir y venir de peregrinos y de curiosos, que se reparten entre la Cova y Aljustrel. Allí para rezar y en el caserío para tratar de ver y hablar con los videntes. La maniobra del *Hojalatero* ha dejado a salvo su sinceridad y ha aumentado la fe en los sucesos de Fátima. Los que acudieron a la frustrada cuarta aparición cuentan en todas partes las señales sobrenaturales de que fueron testigos.

8
Un globo de luz

La aparición de los Valinhos ha consolado a los pastorcillos de su desagradable aventura en Ourem, pero ha dejado en sus almas el sabor de las últimas palabras de la Señora exhortándoles a rezar y hacer sacrificios por los pecadores, *pues muchas almas van al infierno porque no hay nadie que se sacrifique y ruegue por ellas.*

Ellos están dispuestos a sacrificarse y mientras andan por las cañadas con las ovejas, todo lo que ven se les transforma en ocasión de sacrificio. Una vez es una cuerda caída de un carro. Como jugando, Lucia la ata a uno de sus brazos y no tarda en notar que le lastima.

–Oíd —gritó a sus primos—. Esto hace daño. Podíamos atarla a la cintura y ofrecer a Dios este sacrificio.

La cuerda era larga y había para los tres. Con una piedra, a modo de navaja, la cortan y se la reparten. El grosor y la aspereza de la cuerda les molesta terriblemente. A veces, Jacinta deja caer algunas lágrimas.

–¡Quítatela, Jacinta! —le decía su prima.

–¡No! Quiero ofrecer este sacrificio a Nuestro Señor en reparación y conversión de los pecadores.

Y es Jacinta, esta vez, la que descubre la evidencia de que las ortigas escuecen, cuando al recoger unas hierbas se tropezó con ellas.

–¡Mirad, mirad! ¡Otra cosa con la que podemos hacer un sacrificio!

Y, desde entonces, tomaron la costumbre de darse con las ortigas en las piernas, cuando se las encontraban.

Entretanto el tiempo pasa. La quinta aparición está al caer y la expectación en Portugal no deja de crecer. La madre de Lucia se toma con más paz la afluencia de gente. Se limita a decir, en un tono de queja:

–Si hubiera aunque sólo fuese una persona que viera alguna cosa, yo tal vez creería. ¡Pero, entre tanta gente, ver sólo ellos...!

El 13 de septiembre, una impresionante multitud llena ya, a las diez de la mañana, el valle de Fátima. Cuando los niños se dirigen a la Cova, todavía miles de personas atestan los caminos. Los hay que se encaraman a la tapias o a los árboles para poderles gritar a su paso:

–¡Pedidle que mi marido vuelva de la guerra!

–¡Que cure a mi hijo inválido!

–¡Al mío, que es ciego!

–Al mío, que es sordomudo.

Y ellos, entre esta letanía del dolor humano, dando la mano a unos, diciéndoles que sí, que los recordarán a todos, marchan trabajosamente hasta desembocar en la Cova da Iría. El valle es un mar multicolor, que mezcla a personas de todas las clases sociales y sus trajes y atuendos característicos de campesinos y burgueses. Se siente, como el rumor del oleaje, la incesante oración de los fieles.

Es la primera vez que el canónigo Nunes Formigao[18] acude a Fátima. No cree en las apariciones. Asiste porque le han encargado sus superiores que tome nota de los sucesos.

Se dirige al sacerdote que le acompaña:

–¿Cuántos cree que estaremos ahora reunidos aquí?

–Pienso que unas veinticinco mil o treinta mil personas.

A mediodía, el sol empieza a perder su esplendor y el cielo se vuelve de oro ceniciento.

–¡Ahí está! ¡Ya la veo! —grita Lucia, firme en su lugar frente a la encina. Y señala al cielo.

La gente también lo ve. Un globo luminoso se desplaza majestuosamente de este a oeste.

–¡Un aeroplano de luz! —clama una señora—. En él viene la Virgen.

Del cielo caen una especie de copos o flores de color blanco, que desaparecen antes de tocar el suelo. Mientras la multitud contempla estos prodigios, Lucia conversa con la Señora, envuelta en la nubecilla blanca.

Les vuelve a recordar que sigan rezando el rosario para obtener el fin de la guerra.

---

18. Profesor del seminario de Santarem, se convertirá en el primer historiador de Fátima, con el seudónimo de vizconde de Montelo.

Con una mirada maternal, les dice:

–*Dios está contento con vuestros sacrificios, pero no quiero que durmáis con la cuerda puesta, llevadla sólo durante el día.*

–Me han pedido que le suplique muchas cosas... algunos enfermos, un sordomudo —dice Lucia.

–*Sí, a algunos los curaré, a otros no... En octubre haré un milagro para que todos crean.*

La entrevista ha terminado. La nubecilla se disipa, las flores blancas dejan de caer y todos ven cómo el globo de luz retorna en su vuelo hacia el este.

–Pues, yo no he visto nada —dicen algunos, pero eran miles los que habían observado todas las señales.

El canónigo Formigao estaba asombrado.

–La verdad es que algo ha pasado aquí hoy. Lo que más me ha llamado la atención es cómo ha rezado la gente. La nubecilla, la luz, no sé qué decir.

A duras penas los padres de los pastorcillos, que han asistido a distancia, pueden hacerse con sus hijos para llevarlos a casa. Por todas partes tienen que parar y dejar que Lucia cuente lo que ha visto y oído.

–Sí, en octubre habrá un gran milagro.

–Pero, hija, ¿cómo te atreves a decir eso con tanta seguridad? —le dice la madre, cuando se encuentran en casa—. No sabes la que se puede armar el mes que viene. Como no suceda el milagro, ¡te pueden matar!

–Estoy segura, madre. La Virgen lo hará.

–¡Pues ya podría haber hecho manar una fuente como en Lourdes!

9
El sol baila sobre Fátima

¡Un milagro en octubre! Esa es la noticia que circula en todo Portugal. Un milagro con fecha: el mes que viene. Muchos no esperan hasta entonces. Los devotos, los curiosos y los empeñados en ver en todo ello una superchería llenan la comarca de Fátima. Todos intentan interrogar a los videntes y a las personas de la región.

María Rosa vende las ovejas. Ya no hay tiempo para el pastoreo. Lucia está continuamente dedicada a responder interrogatorios, también de innumerables sacerdotes que investigan la realidad de los hechos, como el canónigo Formigao.

Entre los que se acercan a hablar con ellos está el padre Cruz, el viejo conocido de Lucia, a la que ayudó a que hiciera su primera comunión. Les pide que lo lleven al lugar de las apariciones. Los niños le acompañan divertidos, al verlo montado en un burro tan pequeño que casi arrastra los pies. Por el camino hacia la Cova, les va enseñando una letanía de jaculatorias, de las que Jacinta escoge dos, que después no dejaría de repetir: *¡Oh, mi Jesús, yo te amo!* y *¡Dulce corazón de María, sed la salvación mía!*

Los niños no se niegan a tanto examen. Saben que su misión es difundir el mensaje de la Señora, repetir sus palabras, sus peticiones de oración y de sacrificios.

–Este es el sacrificio que mejor podemos ofrecer —se dicen entre ellos. Y, cansados y fatigados, se someten una y otra vez a la terrible tortura de un interrogatorio, en el que algunos buscan sorprenderlos en contradicciones.

También saben librarse de los impertinentes cuando pueden hacerlo. Un día vieron a unas señoras, con sus encopetados sombreros, bajarse de un coche.

–¡Ya sabemos a lo que vienen! Si huimos llamaremos la atención. Vayamos hacia ellas.

Las señoras, al verlos, les preguntan:

–Niños, ¿sabéis dónde viven los videntes?

–Sí, en aquellas dos casas, al final de la calle.

Las señoras se dirigen hacia ellas, mientras Jacinta ríe la inocente broma.

–La verdad es que no hemos mentido. Preguntaron por la dirección...

No siempre salen tan bien librados y los niños dan síntomas de agotamiento. Son muchos los periodistas, médicos, sacerdotes y curiosos que no cesan de hacerles preguntas, no siempre con sencillez sino también con burla y sarcasmo.

A medida que termina el mes de septiembre y comienza el mes de octubre, la expectación crece en el país y el temor en Aljustrel. Se ha encendido la señal de peligro.

–Este es el último mes que dijo la Señora que vendría. Y el del milagro —dicen en su casa—. ¿Y si no se produce? ¿Qué no hará el administrador de Ourem, que quedó frustrado la otra vez, si todo resulta un engaño?

El ambiente del pueblo está enrarecido, crecen los rumores de una venganza popular si no sucede nada el día 13. También se habla de que las autoridades piensan poner una bomba en el arco de la Capelinha el día de la aparición.

–Yo de ser vosotros no acompañaría a los niños a la Cova el día 13 —les dicen a sus padres—. Si no hay milagro, a ellos, como son pequeños, quizá no les haga nada la muchedumbre. Pero a vosotros ¡os considerarán los culpables!

–Lo mejor es que os los llevéis fuera ese día —les dice una vecina.

La madre de Lucia vuelve a estar llena de dudas. La animación que le supuso las dos últimas apariciones se ha desvanecido. ¿Y si su hija está engañada? ¿Y si es ilusión diabólica? Lo que tiene claro es que Lucia está empeñada en ir. La víspera, por la mañana, la aborda.

–¿Qué te parece si nos vamos a confesar? Se dice que si la Virgen no hace el milagro moriremos todos en la Cova. La gente nos matará... ¡Vamos a prepararnos con la confesión!

–Mamá, si quieres vamos. Pero no por temor a la muerte. Lo que prometió la Señora, mañana lo cumplirá.

Durante todo ese día los caminos se llenan de gente. La multitud multiplica las de las apariciones anteriores. Muchos se quedan a dormir en la Cova, porque es imposible encontrar sitio en Aljustrel ni en ninguno de los caseríos circundantes.

El día 13 amanece frío y lluvioso. A medida que avanza la mañana la lluvia se hace más intensa.

–Está lloviendo a cántaros. ¡Buen día para apariciones! —comenta un vecino.

La gente no cesa de llegar y se agolpa en la Cova da Iría, hecha un puro barrizal. Por todas partes se ven carruajes, automóviles y las más insólitas cabalgaduras. Los redactores de los periódicos de la capital, Lisboa, están en primera línea.

–¡Noticia asegurada! —se ríen—. ¡Milagro o fracaso! Pero vaya día que le ha salido a la Virgen para hacer un milagro.

–La que se va a armar si no pasa nada. ¡Aquí hay entre cincuenta mil y setenta mil personas!

Llega la hora y Lucia se pone en marcha. Lleva, como su prima, el vestido de fiesta, traje azul y mantilla blanca. Está muy contenta. Esta vez, sus padres la acompañan.

–Si Lucia ha de morir, moriremos con ella —dijo la madre.

Su padre no suelta ni un momento la mano de su hija al penetrar entre la multitud que atesta el valle. Jacinta pierde la de su padre, que se queda atascado entre la gente y se echa a llorar.

–No te preocupes —le dice Lucia. No te pasará nada. Nadie te hará daño.

Por fin están los pastorcillos ante la encina sagrada. La gente espera bajo el frío y la lluvia... Se impacienta.

–Acaban de sonar las campanas de Fátima. Es mediodía. También en mi reloj —les dice un sacerdote, que está en primera línea—. ¡Todo esto son historias! ¡Ilusiones! ¡Ni señales de la Señora!

–¡Quien quiera marcharse que se vaya! —contesta Lucia—. Yo me quedo. Todavía no debe de estar el sol en lo alto del cielo.

Por toda la Cova se nota la agitación, la impaciencia de la multitud empapada por la lluvia implacable.

–¡Nos han engañado! —grita una voz.

–¡Nos han traído aquí para que nos calemos de agua!

Cuando las cosas están tomando su peor cariz, Lucia advierte el relámpago.

–¡Ya está aquí! ¡Ya está aquí! ¡Cerrad los paraguas!

La gente sólo ve la nubecilla blanca que se ha formado en torno a los videntes. Ellos sí ven a la Señora. Es el último mes de cita, en el que les dirá su nombre.

–¿Quién sois, Señora? —pregunta Lucia.

–Soy la Virgen del Rosario. Deseo que en este lugar se levante una capilla en mi honor. —Les mira con ternura—: *Continuad rezando el rosario todos los días. La guerra va a terminar, los soldados volverán pronto a sus casas.*

–¡Tendría tantas cosas que pediros!

–Concederé algunas; otras no... ¡Es necesario que los hombres se corrijan, que pidan perdón por su pecados! —Su rostro se vuelve triste y su voz supli-

cante—: *Que no ofendan más a Nuestro Señor, que ya está demasiado ofendido.*

Son sus últimas palabras. Un resumen de su mensaje de salvación: el pecado es el mayor mal del mundo, causa de sus guerras y desastres... Abre las manos y la luz que brota de ella sube hacia el cielo nublado.

–¡Mirad al sol! —grita Lucia.

En ese momento, la lluvia cesa súbitamente, las nubes se disipan y en el cielo claro aparece el sol como un brillante disco de plata.

–¡No deslumbra! ¡Se le puede mirar! ¡Parece la luna! —gritan atónitos.

Toda la multitud mira fijamente al sol. De improviso, el disco solar comienza a vibrar, a agitarse, luego a girar sobre sí mismo como una rueda de fuego, desprendiendo rayos de colores, que varían continuamente. La pradera, los árboles, los matorrales, las rocas, los pastorcillos, la entera multitud se tiñen ahora de rojo, al punto, de amarillo, de verde, de morado... El sol se detiene un instante, luego vuelve a iniciar su danza sobre Fátima con resplandor más deslumbrante. Una segunda parada y, otra vez, la maravillosa bola de fuego gira en un cielo que se va cambiando continuamente de color.

La multitud mira extasiada y silenciosa el asombroso espectáculo... De improviso, el sol parece desprenderse del firmamento y caer sobre la tierra. Gritos de pánico brotan de la masa humana.

–¡Milagro! ¡Milagro!

Algunos de los peregrinos que vieron bailar al sol.

–¡Misericordia! ¡Señor, piedad!

–¡Virgen bendita, ayúdanos!

A pequeños saltos, a derecha e izquierda, la enorme bola de fuego desciende vertiginosamente sobre el valle... De pronto, detiene su carrera y vuelve a ascender zigzagueante a su lugar de partida. Poco a poco va adquiriendo su aspecto natural: el sol del mediodía brilla en el cielo límpido y sin nubes de Fátima.

–¡Mirad, la tierra está seca! ¡Mis vestidos ya no están mojados!

Todos se palpan y descubren que es así. Las ropas, empapadas unos minutos antes, están ahora completamente secas. Con las manos se sacuden, como polvo, el barro acumulado en sus trajes y vestidos.

Todos los asistentes han visto estos prodigios. Y también muchos que no están en el valle, sino a cuatro o cinco kilómetros de allí, ajenos a la reunión de Cova da Iría, se han visto sorprendidos y asustados por la extraña danza del sol...

Los pastorcillos han visto algo más. Entre los resplandores espectaculares de los rayos solares, como les había prometido la Señora, han contemplado a San José con el Niño Jesús, junto a Santa María, que bendecía a la multitud. Luego a la Virgen con el aspecto de Nuestra Señora de los Dolores y más tarde como la Virgen del Carmen. Una visión multiforme que parece representar las tres clases de misterios del rosario: gozo, dolor y gloria.

Esta vez, la noticia aparece en todos los periódicos: «El sol bailó en Fátima». Incluso los periodistas, que intentan bromear con el milagro, no lo consiguen: les traiciona su propio asombro y la emoción ante los sucesos inexplicables de que han sido testigos. En Portugal la curiosidad se sustituye por una verdadera explosión de fe y de piedad. Los que vuelven de Fátima resumen en una frase su maravillosa experiencia:

–Hemos visto la señal de Dios.

10
En la escuela de Fátima

La *señal de Dios* llevó a miles de peregrinos a Cova da Iría en ese otoño de 1917. Buscan a los pastorcillos y no los encuentran en Aljustrel.

Están, por fin, cumpliendo el deseo de la Virgen: *Quiero que aprendáis a leer.* Ya no tienen la excusa del trabajo de llevar a pastar a las ovejas. Los padres de Lucia, como se ha dicho, las han vendido y Olimpia acaba haciendo lo mismo. Se levantan antes que el sol y se encaminan a la escuela de Fátima con su abecedario y su pizarra. Francisco no está muy convencido:

–Es necesario que tú vayas a clase, Lucia. ¿Pero yo? Pronto voy a ir al cielo. ¿Vale la pena que estudie?

Él sabe claramente cuál es su porvenir. Unas señoras se encuentran con los niños. Les hacen muchas preguntas, sobre lo que han visto, lo que les ha dicho la Virgen, también sobre su futuro.

–Francisco, ¿tú qué quieres ser de mayor? ¿Molinero, militar?

–No, señora.

–¿Estudiar y ser maestro? ¿Enseñar a los niños, verdad?

–No, señora.

–Claro, ya sé lo que quieres: ser sacerdote. Decir misa, confesar, predicar. ¿A que te gustaría, Francisco?

–No, señora, no quiero ser sacerdote.

–Entonces, ¿qué es lo que quieres ser?

–No quiero ser nada. Quiero morir e ir al cielo.

Con esta idea de su inminente partida en el corazón, no es extraño que muchas veces cuando pasan, antes de clase como es su costumbre, por la parroquia para visitar a Jesús Escondido, le diga a su prima:

–Mira, yo me voy a quedar aquí. Ven luego a buscarme.

Por la tarde, lo encuentra en un rincón muy cerca del sagrario.

–¿Qué haces en todo el día?

–Rezo y... pienso.

Una mañana, al salir para la escuela, se encuentran con Teresa, una hermana de Lucia, casada recientemente en Lomba.

–He venido a buscarte, Lucia. Quiero que le pidáis a la Virgen un gran favor. Al hijo de una vecina mía lo han metido en la cárcel de Ourem. Hoy lo juzgan por un delito muy grave. Le puede costar la cárcel o el destierro. Él no lo ha cometido, dice su madre. Y yo la creo. Rezad por él para que lo declaren inocente.

Al pasar por la iglesia, Francisco les dice a las niñas:

–Id vosotras a clase, yo me quedo rezando por el vecino de la prima.

–¿Otra vez vas a faltar a clase?

–Esto es más importante.

Por la tarde, de regreso a Aljustrel, le confía a Lucia:

–Dile a tu hermana Teresa que no se preocupe. El hijo de su vecina volverá a casa en unos pocos días.

–¿Cómo lo sabes?

–Me he enterado...

Y así fue. El joven volvió a su casa y, con su familia, acudió a la Cova a agradecérselo a la Virgen.

Jacinta también recuerda la promesa de la Señora sobre ella y su hermano: *vendré pronto a buscarlos*. Así que, a la menor ocasión, no le importa dejar de acudir a la escuela. Le basta que una mujer del pueblo, de las muchas que se acercan a ella, le encargue una intención, para que se quede con Francisco en la iglesia para encomendarla.

Otra cosa es el catecismo. Necesita aprenderlo para hacer la primera comunión. ¡Qué alegría cuando el cura le dice!:

–Después de las fiestas de Navidad asistiréis a las clases de preparación en la parroquia.

Francisco también se alegra. Recibir a Jesús Escondido es su mayor deseo, su mayor ilusión. Pero, mientras su hermana recoge como una esponja todo cuanto enseña el párroco, él sigue absorto en ese *rezo y pienso*, que refleja su profunda oración contemplativa. Al humilde Francisco, el que no ha oído ni al ángel ni a la Señora, pero ha quedado marcado por su resplandeciente belleza sobrenatural, nadie lo advierte. Consideran que es un mal alumno. El padre Ferreira le tiene que decir:

–Tu hermana hará la primera comunión. Tú no estás preparado todavía. Tienes que estudiar más.

Francisco llega a su casa hecho un mar de lágrimas. Su hermana le dice:

–Sé que para ti es una pena muy grande no ser admitido por el párroco. Ofréceselo a la Virgen por los pecadores. Casi te envidio.

–Tienes razón. Quizá eso es lo que quiso decir la Señora, que yo tenía todavía que rezar mi *rosario*.

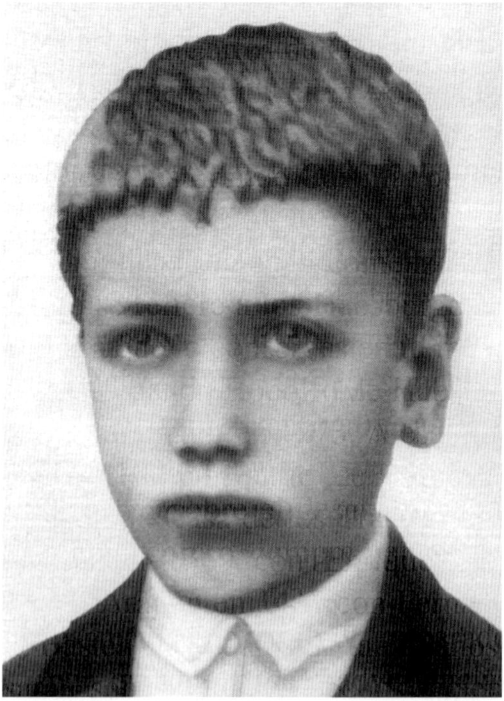

Francisco Marto.

11
Francisco reza su rosario

En el otoño de 1918 una terrible epidemia de gripe se abate sobre Europa, recién salida de su gran guerra. En Portugal, la peste, como la llaman los campesinos, tiene especial virulencia. En los pueblos tocan sin cesar a muerto, hasta que se prohíbe para no atribular más a la población con su campaneo incesante. En Aljustrel, la numerosa familia Marto cae en cama uno detrás del otro, excepto el padre. Nadie, sin embargo, en la familia de Lucia.

Francisco es el que parece estar más grave. La neumonía le produce una fiebre alta y dolores de cabeza. También su hermana Jacinta padece la misma enfermedad, pero su curso más lento le ofrece etapas de alivio que le permiten levantarse algunas veces y pasar un rato en la habitación de Francisco. Allí se reúnen los tres videntes para hablar de sus cosas y hacerse confidencias.

–Lo que me resulta más desagradable es no poder estar ni un momento con Jesús Escondido —le dice

Francisco a su prima—. Ve a la iglesia y dile un montón de cosas a Jesús por mí.

Jacinta interviene:

–Dile también que yo lo recuerdo y lo amo mucho.

Al acercarse la Navidad, Francisco parece mejorar. Y en los días serenos y soleados que se dan en pleno invierno lo llevan a Cova da Iría.

–Pronto estarás bueno, Francisco —le dicen los vecinos, al verlo pasar.

–No, no me curaré.

–Francisco, voy a hacerle una promesa a la Santísima Virgen. Si te curas le ofrezco tu peso en trigo —le dice su tía, siguiendo una costumbre del país.

–Te ahorrarás el trigo, tía. ¡No me curaré!

A veces, dejan entrar a los peregrinos a verle en su cama de enfermo. Salen emocionados.

–No sé lo que emana de Francisco, pero uno se siente mejor junto a él.

Le cuentan sus necesidades. Una señora, de nombre Mariana, le expone su dolor: su marido ha echado de casa a su hijo a causa de una pelea familiar.

–¡Ay! Francisco, reza por esa intención.

–Muy pronto estaré en el cielo. En cuanto llegue, pediré esa gracia a la Santísima Virgen.

Y así debió de ser, porque meses después, en la misma tarde del día en que murió Francisco, el chico apareció en su casa para pedir perdón a su padre.

Lucia va con frecuencia a ver a su primos. Pasa primero por el cuarto de Jacinta.

–No, no, ve primero a ver a Francisco.

Otras veces su relativa mejoría le permite acompañar a Lucia en su visita a su hermano, y pasan muchas horas junto a él. Lo ven alegre y contento. Su prima le pregunta:

–Francisco, ¿sufres mucho?

–La cabeza... ¡la cabeza me duele tanto! Pero no importa. Lo ofrezco para consolar a Nuestro Señor... Ya me falta poco para ir al cielo.

–Allí no te olvides de pedirle a Nuestra Señora que me lleve pronto también.

–Eso no lo pido. Tú sabes que Ella no te quiere allí aún.

Eran ya los días de la primavera. Una mañana Lucia acude como siempre a visitar a su primo. Jacinta le dice:

–Nuestra Señora ha venido a vernos, y ha dicho que muy pronto vendrá a buscar a Francisco para llevárselo al cielo. A mí me preguntó si quería convertir a algunos pecadores más... Le dije que sí. Iré a un hospital y allí sufriré mucho por la conversión de los pecadores y por amor a Jesús... Le pregunté si tú vendrías conmigo. Me dijo que no. Esto es lo que más me cuesta[19].

Francisco empeora de día en día. No tiene apetito. El 2 de abril llama a Lucia:

---

19. Las visitas de la Virgen a Jacinta las atestigua Lucia en sus *Memorias* precisando: "Las palabras exactas de Nuestra Señora en estas apariciones a ella sola no las sé, porque nunca las pregunté. Me limitaba a escuchar estas frases sueltas que ella me decía".

–Hoy me voy a confesar. Ayúdame a hacer el examen de conciencia. Dime las cosas malas que me has visto hacer.

–Has desobedecido a tu madre. Cuando te decía que te quedaras en casa, tú te ibas a jugar o a charlar conmigo.

–Sí, es verdad. ¿Pero eso es sólo lo que sabes? Ve a buscar a Jacinta a su cuarto.

Su hermana llega enseguida y reflexiona.

–Un día, antes que se nos apareciese la Virgen, le cogiste a padre diez cuartos para comprarte la armónica. Y también te has ido con los muchachos de Aljustrel a tirar piedras a los de Boleiros.

–Esos pecados ya me los he confesado, pero me los confesaré de nuevo. Ahora estoy muy arrepentido.

Por la tarde, acude el párroco y escucha su confesión.

–Mañana te traeré la comunión. ¡Tu primera comunión, Francisco!

La alegría apenas lo deja dormir. No hace más que pensar en la visita de Jesús Escondido y en que pronto lo verá cara a cara en el cielo.

Quiso recibir la eucaristía sentado en la cama, pero no se lo permitieron. Lucia y Jacinta se quedaron casi todo el día con él.

–Sin lugar a dudas en el cielo te voy a echar mucho de menos, Lucia. ¡Qué no diera porque la Virgen te llevase pronto para allá!

–No sé si cuando estés allí, cerca de Jesús y María, que son tan maravillosos, te vas acordar de mí —le dice Lucia.

–Quizás tengas razón. Puede que me olvide.

A Jacinta le aflige la inminente separación. Tiene los ojos bañados en lágrimas.

–Dale recuerdos a Nuestro Señor y a la Virgen. Diles que yo sufriré cuanto ellos quieran por los pecadores.

–Rezad el rosario en alta voz, que yo os oiga. Apenas puedo rezarlo.

Muy entrada la noche, las niñas tienen que marcharse.

–Si te vas al Paraíso esta noche, no nos olvides.

–No, no. ¡Adiós, hasta el cielo!

Amanece el 4 de abril de 1919. Hacia las seis, dice a su madre:

–Mira, qué hermosa luz, allí, cerca de la puerta. —Unos instantes después, susurra—: Ahora ya no la veo.

Su rostro se ilumina con una sonrisa y, sin un gemido, se queda dormido para siempre.

12
Una llama en el pecho

Jacinta empeora después de la partida de su hermano, que le ha dolido mucho. Postrada en el lecho, se queda mucho tiempo silenciosa y pensativa.

–¿En qué piensas?

–En Francisco. ¿Cuándo iré a ver a mi pequeño Francisco?

La pequeña no mejora. En su pulmón izquierdo se ha formado una bolsa de pus. Una pleuresía purulenta, dicen los médicos. Olimpia se queja.

–¡Dios mío! Perder otro hijo, no. ¡Y la más pequeña!

–No te quejes, madre. Iré al cielo. Allí rogaré mucho por ti.

Jacinta se ha convertido en un alma de oración a la que no le importan los sufrimientos. No deja de decir jaculatorias, la oración del ángel, actos de amor a Jesús.

–¡Jesús, te amo!

Cuando Lucia acude a verla, le ruega que repita con ella esa brevísima plegaria.

–¡Me gusta tanto decir Jesús te amo! Cuando lo digo con mucha frecuencia parece que siento una llama en el pecho, pero que no arde.

Lucia es la única vidente que puede ahora acudir a la Cova da Iría, a donde siguen llegando continuas peregrinaciones. El pueblo creyente ha edificado allí una humilde capilla para cumplir los deseos de la Virgen. La Iglesia no se ha pronunciado todavía sobre la realidad de las apariciones.

–Han levantado una *capelinha* en la Cova —le dice a Jacinta—. Ha sido la señora Carreira la que ha encargado la obra a un albañil de Santa Catarina da Serra. Del prado son estas flores —y le entrega un ramillete.

–¡Ay, qué pena! Ya no podré ir más a la Cova, ni a nuestra gruta del Cabezo, ni a los Valinhos.

–¿Y qué importa, si vas a ir al cielo a ver al Señor y a la Virgen?

–Es verdad. ¡Gracias por las flores! —y se vuelve a sentir feliz.

Las niñas siguen viéndose y charlando de sus cosas, ajenas al mundo de los demás. A veces, Jacinta esconde el rostro entre las manos y se queda como ensimismada, inmóvil y callada.

–Pregúntale en qué piensa —le dice Olimpia a su sobrina— cuando se queda tan quieta y callada.

Cuando se quedan solas, Lucia se lo pregunta. La niña contesta:

–En la guerra que ha de venir. ¡Morirá tanta gente! No me olvido de lo que vi junto al pozo y en el Cabezo.

Estas visiones han marcado la tierna imaginación de Jacinta y no se le van de la memoria. Es el tema preferido de sus oraciones y sacrificios. Ahora que su prima la ha vuelto a sorprender absorta en sus recuerdos, no puede menos que decirle.

–¡Qué pena! Si dejasen de ofender al Señor la guerra no vendría. Tú cuando veas la luz que dijo la Señora huye al cielo.

–Yo no creo que se pueda huir al cielo —contesta Lucia.

–Sí, es verdad. Pero no tengas miedo. En el cielo pediré mucho por ti, por el Santo Padre, por Portugal...

Lucia se despide de Jacinta y sale de su cuarto. Se encuentra con su tía.

–¿Qué? ¿Le has preguntado a Jacinta en qué piensa cuando se queda como ida?

–Sí, tía —contesta. Pero calla y sonríe. ¿Cómo va a decirle que Jacinta piensa en una guerra futura y que ha tenido visiones?

–No comprendo nada. La vida de estos niños es un enigma —le dice Olimpia a su cuñada—. Si pregunto a Jacinta en qué piensa, sólo se sonríe. Y eso mismo me pasa con Lucia.

–Cuando están solas hablan sin cesar —le confirma María Rosa—. Cuando se las mira siguen hablando por los codos, a pesar de todo, pero de manera que no podamos saber de qué se trata. Y si una se acerca, bajan la cabeza y no dicen una sola palabra. ¡No puedo comprender este misterio!

Un día Lucia encuentra a Jacinta muy fatigada, pero con una extraña alegría interior.

–Ha venido Nuestra Señora a verme. Quiere que vaya a dos hospitales. Pero no para curarme: es para sufrir más por amor a Nuestro Señor y por los pecadores.

Jacinta sabe lo que le espera, lo acepta y aún añade sus sacrificios voluntarios a los que le acarrea la enfermedad.

–Me duele mucho la cabeza —le dice una noche a su prima—. Tengo sed, pero no quiero beber para sufrir por los pecadores.

Su madre le lleva una taza de leche.

–Gracias, madre —y con un gesto rechaza la bebida.

–Imposible hacerle tomar algo —se queja Olimpia y sale de la habitación.

–¿Por qué desobedeces a tu madre? Podrías haber hecho el sacrifico de tomar esa leche.

–No lo había pensado. Anda, Lucia, llama a mi madre.

Olimpia entra en el cuarto.

–Perdóname, mamá, que te dé tantos disgustos. Desde hoy tomaré todo lo que quieras... ¡Tráeme la leche!

Jacinta se toma el tazón con aparente agrado. Luego le confía a su prima.

–¡Si supieras lo que me ha costado tomarla!

Pero desde entonces admite siempre la leche o el caldo que le llevan.

13
Un camino solitario

–Jacinta no mejora. Lo más conveniente sería hospitalizarla. La podemos llevar al hospital de San Agustín, en Vila Nova de Ourem. Habrá que pagar algo, pero será muy pequeña la cantidad, os lo aseguro —le dice el médico a sus padres.

–Como usted mejor lo vea, doctor. No nos importarán los gastos.

Llevan a Jacinta al hospital y allí permanece sola a lo largo de los meses de julio y agosto de 1919. Su madre la visita de cuando en cuando. La primera vez que lo hace le pregunta si desea alguna cosa especial.

–Sí. Me agradaría ver a Lucia.

Olimpia, con gran esfuerzo, la lleva en la siguiente ocasión.

–Bueno, aquí tienes a tu prima. Ahora os dejo con vuestras cosas. Tengo que comprar algo en la ciudad.

¡Cómo se abrazan las dos confidentes de la Virgen! ¡Cómo aprovechan el tiempo que se les concede en hablar y hablar de sus maravillosos secretos!

–¿Sufres mucho, Jacinta?

–Sufro, sí, pero lo ofrezco todo por los pecadores, por el Señor y Nuestra Señora. ¡Me agrada tanto sufrir por su amor, para darles gusto! Ellos aman especialmente a los que sufren por los pecadores.

La madre vuelve de sus gestiones y hay que despedirse.

–¿Qué quieres ahora, Jacinta?

–Que vuelvas a traer a Lucia en tu próxima visita, madre.

Una vez más Olimpia complace a su querida hija. Era ya entrado agosto. Lucia viste de luto.

–Mi padre ha muerto el 31 de julio. Es esa terrible peste que tiene a medio pueblo en cama y a ti en este hospital.

–Cuánto lo siento, Lucia. Pero no te preocupes, ahora está con la Virgen.

–Estoy segura. Mi padre cambió mucho en los últimos tiempos. Se hizo un buen cristiano. Ni tabernas ni nada... Mi madre se ha salvado de milagro. De milagro, sí, Jacinta. Estaba muy grave y me mandó llamar. Lucia, hija, me dijo, si es verdad lo que dices, ve a Cova da Iría y reza... Recé el rosario por el camino y ante la *capelinha* le pedí a la Virgen su curación. Al volver a casa, la encontré mucho mejor. Tres días después se pudo levantar.

–¡Qué buena es Nuestra Señora! Ha curado a tu madre. ¡Un milagro!

–Un milagro, sí. Y, sin embargo, ¡mi madre sigue con sus dudas! ¡No sabes cómo me hace sufrir su incredulidad!

–¡Quizá quiera la Señora que tú sufras con eso! Yo aquí en el hospital no hago otra cosa. Sufrir como me ha pedido la Virgen. Siempre sola y ahora con una llaga en el costado por donde sale mucho pus. ¡Cuánto me duelen las curas! Pero, estoy contenta. Sufro por Dios, por los pecadores, por el Santo Padre.

Los médicos del hospital, al ver que Jacinta no mejora, la devuelven a Aljustrel. Una nueva prueba para la niña, centro de atención de los peregrinos que, después de ver a Lucia, se empeñan en acudir a su propia habitación. También a las mujeres del caserío les agrada estar con ella.

–Me voy a trabajar a casa de Jacinta. ¡Cuánta dicha se siente a su lado! —dicen.

Y allí, en su habitación, con sus niños pequeños, se dedican a la costura o a la labor de punto... y a sus conversaciones.

–Me duele la cabeza de escuchar tanta charla —le dice a Lucia, cuando se quedan a solas—. Ahora ya no puedo ni huir ni ocultarme. De esta manera puedo ofrecer estos sacrificios a Nuestro Señor...

Hace mucho más. El apostolado silencioso de su presencia paciente. Sus conversaciones con los pequeños, a los que les habla de la Virgen y del Niño Jesús... y nadie se va de su lado sin rezar el rosario.

–No digo a nadie que la llaga me duele, ni a mi madre; le daría mucho pesar. Pero lo que más siento es no poder comulgar —le dice otras veces—. Anda, cuando te marches, ve a la iglesia a decirle a Jesús Escondido que lo deseo mucho y que le amo mucho.

A finales de año le hace una nueva y extraordinaria confidencia.

–Lucia, la Virgen ha venido a verme. Me ha anunciado que iré a Lisboa, a otro hospital. No te volveré a ver, ni tampoco a mis padres. Después de haber sufrido mucho, moriré sola... Me ha dicho también que no debo asustarme, que me vendrá a buscar para llevarme al cielo. —Llorando se abrazó a su prima—. Ya no te volveré a ver. Tú no vendrás a verme. Reza mucho por mí porque moriré solita.

–No estés triste si no estoy contigo. Pasarás el tiempo pensando en el Señor y en la Virgen.

La idea de la muerte en soledad asusta a Jacinta. Lucia la encuentra un día besando una imagen de la Virgen y diciéndole:

–¡Madre buena del cielo! Entonces, ¿tengo que morir solita?

–¿Qué puede importarte morir sola si vendrá a buscarte la Virgen?

–Es verdad. No tiene importancia. Pero a veces me olvido de que vendrá a buscarme. Sólo pienso que moriré sin que estés junto a mí.

–Pronto estarás en el cielo. ¡En cambio yo...!

A mediados de enero de 1920 llegó a Fátima en peregrinación un afamado médico de la capital, el doctor Eurico Lisboa. Visitó a la vidente enferma.

–La encuentro muy mal. Les aseguro que podría ser curada por medio de una operación si la llevase a Lisboa.

Jacinta insiste en que no se curará, pero comprende que se trata del cumplimiento de las predicciones de la Virgen y se abandona a los caritativos deseos del médico.

En una borriquilla la lleva su madre a despedirse de la Cova da Iría. El último trecho se empeña en hacerlo a pie rezando el rosario. Días después, la despedida emocionada de su familia.

–Ya no te volveré a ver, Lucia, ni a mis padres, ni hermanos, ni a nadie... y después moriré sola.

–No pienses más en ello, Jacinta.

–Déjame que piense. Así puedo ofrecer más cosas a Nuestro Señor. ¡Qué me importa, después de todo! La Virgen vendrá a llevarme al cielo. Cuando esté allí rezaré mucho por ti... Ama mucho a Jesús y al Corazón Inmaculado de María, y haz muchos sacrificios por los pecadores.

En una carreta de bueyes, conducida por su hermano Antonio, parte con su madre hacia Chao de Maças, donde toman el tren de Lisboa. En la capital, se hospeda en el Orfelinato de Nuestra Señora de los Milagros, dirigido por sor Purificación Godigno, a quien las veinte huérfanas acogidas llaman *madrina.*

–Bien venida, pequeña. ¡Qué ganas tenía de conocerte! Ven a saludar al Señor en el sagrario.

–¡Oh, qué alegría! ¡Viviré bajo el mismo techo que Jesús Escondido y podré recibirlo!

Quince días permaneció en el orfelinato, al que Jacinta llamó Casa de Nuestra Señora de Fátima, y casi todos ellos pudo comulgar. Aprovechó la presencia de su madre, que se quedó en Lisboa una semana, para confesar en la cercana basílica del Sagrado Corazón, llamada popularmente iglesia de La Estrella, por el nombre del barrio.

–¡Qué sacerdote tan bueno! ¡Qué cosas tan bonitas me ha dicho!

La enfermedad la hace sufrir mucho, pero la Virgen María viene a consolarla con frecuencia. Un día, que se encuentra muy débil, sor Purificación la visita en su cuarto. Jacinta le dice:

–Vuelva más tarde, *madrina*; espero a la Santísima Virgen.

Después, la niña le cuenta a su madrina, cosas sobre el pecado, la guerra, el sacerdocio, que superan sus conocimientos y su edad, que se acerca a los diez años.

–¿Quién te ha enseñado esas cosas?

–La Santa Virgen. Algunas las sé por mí misma. ¡Me gusta tanto pensar[20]!

El 2 de febrero, fiesta de la Purificación de la Virgen, tiene que ingresar en el hospital de Dona Estefanía.

–*Madrina*, yo no quiero marcharme. Es inútil la operación. Prefiero morir aquí.

–Yo tampoco quiero que te vayas, hija mía. Es decisión del doctor Lisboa.

–En el hospital ¿podré seguir comulgando?

---

20. Sor Purificación Godigno recogió estos pensamientos en *Palabras de Jacinta en sus últimos días*. Véase C. Barthas, *La Virgen de Fátima*, Rialp, Madrid.

–Allí no hay capilla. Es un hospital civil, pero tiene los mejores médicos. Yo iré a verte todos los días.

Confiesa, comulga y se despide, con lágrimas, de Jesús en el sagrario, ante el que se ha acostumbrado a rezar silenciosamente. También lo hace de todas sus compañeras, a las que ha dejado una lección de humildad, sencillez y piedad que nunca podrán olvidar.

Poco después, en una cama del hospital, está, por fin, verdaderamente *solita.* Se le diagnostica en la ficha de entrada pleuresía purulenta en la gran cavidad izquierda que le afecta dos costillas del mismo lado.

El día 10 de febrero la operan. El doctor Lisboa consigue que la intervenga el médico jefe del hospital, doctor Leonardo de Castro Freire. Se le aplica anestesia local, porque su debilidad desaconseja dormirla con cloroformo. Le quitan las costillas dañadas, lo que le abre una llaga del ancho de la palma de una mano.

Las curas laboriosas y frecuentes le producen terribles dolores. Jacinta los sobrelleva con serenidad ofreciéndolos por los pecadores. Los médicos y las enfermeras se excusan:

–Perdona, si te hacemos daño.

–¡Paciencia! —les contesta—. Es necesario ganar el cielo sufriendo.

El doctor Castro Freire comenta con su colega el doctor Lisboa:

–La operación ha salido bien. Pero están surgiendo complicaciones.

La *madrina* Godigno la visita diariamente. Se admira de su alegría, a pesar de los visibles signos de dolor... Un día la encuentra tranquila, serena, sin ningún rasgo de sufrimiento.

–Sí, *madrina*, ¡ved! Ahora ya no me quejo. La Santísima Virgen se me ha aparecido de nuevo. Me ha prometido venir pronto a buscarme y me ha quitado los dolores.

El día 20 de febrero de 1920 por la tarde, el párroco de los Santos Ángeles, padre Pereira dos Reis, acude a confesarla y administrarle la extremaunción.

–Padre, tráigame la comunión, porque hoy voy a morir.

El sacerdote no la ve en tanto peligro como para ir a la iglesia por el viático.

–Mañana te la traeré.

–No, padre, se lo ruego, tráigamela hoy. Voy a morir esta noche.

–No seas tan pesimista, pequeña. Hay tiempo. Podemos esperar a mañana.

Cuando la madre Godigno vino a verla, la niña se lamenta:

–Voy a morir esta noche, sola, y ni siquiera me han dado la comunión.

–No te preocupes, Jacinta. No estás tan grave. Mañana comulgarás. Mira, yo vendré a verte temprano. —Se levanta de la silla y se despide—: Adiós, Jacinta.

–Adiós, *madrina*... ¡Hasta el cielo!

Pasan las primeras horas de la noche. La enfermera de guardia se asoma de vez en cuando a la sala. Todo está en paz. Jacinta descansa plácidamente. A las diez y media vuelve hacer su ronda. Esta vez se acerca más a la enferma. La mira con atención. Su experiencia no la engaña. La pequeña Jacinta ha muerto... Nadie ha estado junto a ella. Sólo la Virgen que ha cumplido su promesa.

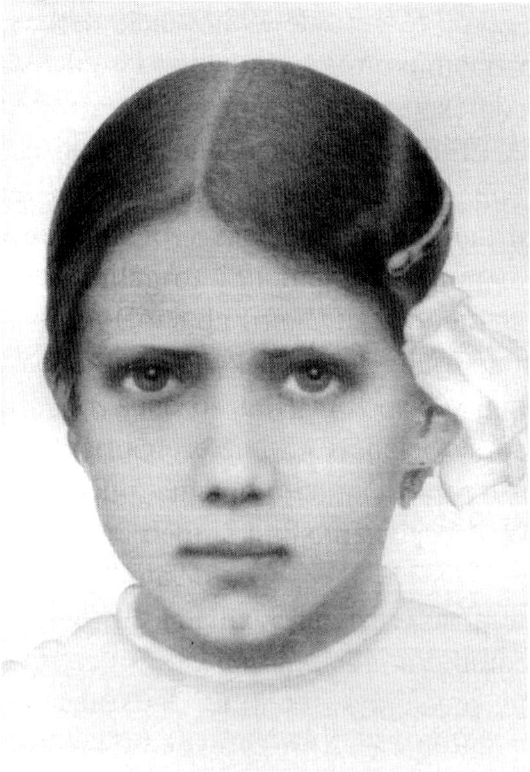

Jacinta Marto.

14
Lo que tengo es un problema

Una mujer y una adolescente rezan ante un aristocrático panteón del cementerio de Vila Nova de Ourem.

–Mira, Lucia, dónde han enterrado a mi pequeña Jacinta. Yo querría haberla tenido junto a Francisco en el cementerio de Fátima. ¡Ni siquiera me la han dejado ver!

–Ni a mí tampoco, tía. Se ha muerto lejos de nosotros. ¡Ha sido la voluntad de Dios!

–El doctor Lisboa me ha dicho que así es mejor. Que era preciso enterrarla en un lugar especial, porque la Iglesia puede algún día reconocer las apariciones. Y el barón de Alvaiazere ha ofrecido su panteón. ¡Por lo menos está en nuestra tierra!

Tía y sobrina rezan y se consuelan por todo lo que les han contado. Cientos de personas han pasado por la iglesia de los Santos Ángeles, de Lisboa, donde la tenían expuesta, en el ataúd abierto, con un vestido blanco de primera comunión ceñido por una cinta azul.

La madre piensa en alta voz:

–Un exquisito perfume, como de mil flores, desprendía mi Jacinta. El doctor Lisboa dice que no se lo explica como médico. Perdóneme, usted, señora, me dijo, pero su enfermedad era infecciosa. Y estuvo tres días con el féretro abierto.

–Jacinta era muy buena, la Virgen la quería mucho.

–Sí, Lucia, yo os he creído a los tres. Sé que la Virgen se os aparecía... Bueno, tenemos que irnos.

Dejan un ramo de flores y se dan la vuelta apesadumbrados.

–Jacinta, reza por mí —musita Lucia—. Ahora yo sí que estoy sola. ¡Solita, Jacinta!

Sola en Cova da Iría se encuentra el 13 de mayo de 1920, cuando millares de portugueses acuden a celebrar el tercer aniversario de la primera aparición. El Gobierno portugués quiere acabar a toda costa con estas manifestaciones de piedad y manda a unidades del Ejército, que se despliegan alrededor del valle poniendo barreras en las carreteras para impedir la peregrinación.

Es imposible. La muchedumbre, con cruces y estandartes, desborda pacíficamente a unas fuerzas incapaces de enfrentarse violentamente a sus devotos paisanos. Muchos son los soldados que confraternizan con ellos y se les suman en su marcha hacia la Cova, donde ese día se instala la primera imagen de Nuestra Señora de Fátima[21].

---

21. Esta talla en madera, pintada y decorada, se conserva aún en la Capelinha. La realizó el escultor José Ferreira Thedim.

Una buena noticia se produce en la Iglesia portuguesa ese verano. Un nuevo obispo ingresa en el episcopado portugués. Se ha conseguido que se restablezca una antigua diócesis: Leiría, a la que pertenece Fátima. A su frente, monseñor José Alves Correia da Silva, de cuarenta y ocho años, profesor de teología del seminario de Oporto, conocido por su prudencia, su labor social y su devoción a la Virgen.

–¡Enhorabuena! —le dice un colega en el episcopado—. Tiene en su diócesis el nuevo Lourdes portugués.

–Lo que tengo es un problema que resolver y una fuente de preocupaciones.

Millares y millares de portugueses se reúnen a rezar en un descampado de su diócesis sin sacerdotes que los dirijan... La opinión pública está dividida. Recibe cartas en las que le piden que apruebe las apariciones y otras en las que exigen que acabe, por fin, con esa impostura.

"Claro que tengo que resolver ese problema. Hay que averiguar la verdad" —se dijo—. Y sigue leyendo y oyendo informes tras informes, favorables y hostiles, sobre las apariciones de Fátima.

–Ha llegado la hora de escuchar a la vidente. Es la única que queda.

–Sí, monseñor —le responde su secretario—. Ya sabe lo que dicen los sectarios. Que se ha hecho desaparecer a los otros dos para que no contradigan a Lucia, y no se aclare quiénes han montado toda esta comedia.

Cuando Lucia sale para Leiría, no falta en el pueblo quien intenta asustarla:

–El señor obispo lo sabe todo, adivina y penetra en lo más íntimo de las conciencias. ¡Descubrirá todos tus embustes!

–¡Qué bien! —piensa Lucia—. Si lo sabe todo, sabrá que digo la verdad.

Y con ese ánimo espera la entrevista en una salita del palacio episcopal. Todo para ella es nuevo, también el atuendo del secretario del obispo: lleva zapatos de hebilla y una gran capa. Nunca en su vida había visto a un sacerdote vestido así.

Monseñor Correia da Silva la trata con una bondad que la niña agradece y le da confianza. No le hace preguntas curiosas e inútiles, como tantos otros. Percibe que está verdaderamente interesado por su alma, por protegerla y ayudarla. Está convencida de que lee en su interior, como le han dicho.

El obispo llega pronto a una primera decisión. Y así lo manifiesta a su secretario.

–Me admira la sencillez y sinceridad de las respuestas de la pequeña. No hay nada que se oponga a la fe y a la moral. Una cosa tengo clara. Mientras sigue la investigación, Lucia no puede seguir aquí obligada a ser líder de una multitud creyente, sí, pero en la que también aparecen fanáticos. Su alejamiento de Fátima nos probará su convicción y también la misma fe de los peregrinos. ¿Se comportarán igual cuando les falte la vidente?

–Tiene razón, monseñor. Al menos, no dirán que es la niña la que los impulsa a Cova da Iría.

–La Virgen te ha dicho que estudies. ¿No es así, Lucia? —le dijo en una nueva entrevista—. ¿Qué te parece si vas a estudiar a una buena escuela? Tendrás que marcharte lejos, a un colegio de Oporto.

–Como usted quiera, monseñor. Estoy dispuesta a obedecerle en todo.

La familia también está de acuerdo. ¿Con tanto jaleo en su entorno, cómo puede adelantar en la escuela? Se fija la marcha para el 18 de junio de 1921. Unos días antes, el obispo la vuelve a llamar para darle sus últimos consejos y unas firmes advertencias.

–Hija mía, no digas a nadie adónde vas.

–Sí, monseñor.

–En el pensionado no debes decir quién eres.

–Sí, monseñor.

–No debes hablar con nadie de las apariciones de Fátima.

–Sí, monseñor.

Lucia se despide en silencio de sus lugares favoritos, la Cova, el Cabezo, los Valinhos. Su querido pozo, donde tanto ha rezado y llorado. La sencilla tumba de Francisco, con su cruz de palo sobre la tierra rojiza... El corazón le late en el pecho. "Ya no veré estos lugares tan queridos", piensa. Pero con nadie habla de su próxima y súbita partida.

El 18 de junio, muy de madrugada, parte a pie, con su madre y un trabajador, Manuel Correia, hombre discreto y amigo, que también va a Leiría. Es la mejor manera de pasar desapercibida. Se detienen en Cova da Iría, rezan el rosario ante la imagen de la Virgen, que preside la Capelinha, y continúan los treinta y cinco kilómetros de camino, demasiados para sus catorce años. En Leiría, una amiga de la madre, Filomena Miranda, sube al tren con ella y parten para Oporto.

15
María de los Dolores

Con su aspecto rústico y su atuendo de campesina de la sierra del Aire, Lucia se encuentra ante la directora del Asilo del Vilar, el orfelinato de muchachas, que las hermanas de Santa Dorotea[22] dirigen en ese barrio de la ciudad de Oporto.

¡Me mandan una pequeña salvaje de los bosques! —piensa la religiosa—. ¿Ésta es la vidente de Fátima? Una simple me han dicho que es. En fin, tengo que aceptar los deseos del señor obispo de Leiría.

–Mira, niña... —y la directora pone al corriente a Lucia de su nueva vida. Después añade—: Cuando te pregunten cómo te llamas, responderás que María de los Dolores.

–Sí, señora.

–Cuando te pregunten de dónde eres, dirás de cerca de Lisboa... Eso no es una mentira.

–Sí, señora.

22. Congregación fundada en 1834 por la santa italiana Paula Frassinetti.

–De lo que ha ocurrido en Fátima, no dirás nunca nada a nadie, ni una sola pregunta, ni una sola respuesta.

–Sí, señora directora.

–No saldrás de paseo con las otras pensionistas, y no dirás por qué no sales.

–Sí, señora.

–Bueno, pues ve a ponerte el uniforme.

Y así, con un vestido oscuro con cuello de cuadros negros y blancos, entra Lucia en el anonimato del colegio, perdida entre las alumnas, que estudian y aprenden, como ella, las tareas domésticas y que no saben quién se esconde detrás de María de los Dolores, un nombre adusto que ni a ella le gusta.

Ya que me llamo Lucia de Jesús, me podrían haber puesto María de Jesús —piensa—. Pero no dice nada. Está atada por sus promesas al obispo y a la directora de Vilar.

Un gran silencio la rodea. Nadie, ni ella misma, pronuncian nunca la palabra Fátima. Aunque su corazón se le va todos los días y las noches a sobrevolar los campos de encinas y olivos donde ha tenido la felicidad de ver a la hermosa Señora de luz. ¿Siguen yendo los peregrinos? —se pregunta—. Nadie puede responderle.

¡Cuántas alegrías se está perdiendo! No sabe que monseñor Correia da Silva ha comprado, aquel mismo otoño en que ella inicia sus estudios, el terreno de las apariciones y que ha comenzado los proyectos para construir allí un gran santuario. Tampoco que el 13 de octubre se ha celebrado en Cova da Iría la primera misa autorizada. Ni que la Virgen ha correspondido a este detalle haciendo brotar, unos días más tarde, una fuente en medio de aquella sequedad de tierras calcáreas, donde no había más agua que la recogida en charcas o en cisternas. Ahora la hay en abundancia para los peregrinos que acuden cada vez en más número.

En Fátima, la gente se pregunta por el paradero de la vidente. El nuevo administrador de Vila Nova de Ourem —el boticario Antonio de Sousa Leitao, que ha sustituido al *Hojalatero*— cree su deber intervenir. Llama a María Rosa.

–Dígame, ¿qué ha pasado con su hija? ¿Dónde se encuentra?

–Mi hija está donde quiere estar y donde yo quiero que esté. No puedo darle más explicaciones —le replica con su habitual franqueza.

Entre los vecinos corre el rumor de que Lucia se encuentra en algún lugar de Portugal o de España, con las religiosas doroteas. Un periodista sigue la pista y llega hasta el Asilo de Vilar.

–No, aquí no hay ninguna alumna que se llame Lucia, ni nadie que sea de Fátima —le responden.

Y es verdad. No lo saben, ni lo sospechan. Ni tampoco las religiosas de otros conventos a las que abordan los curiosos cuando se las encuentran... El muro de silencio permanece infranqueable.

Lucia estudia, trabaja, reza. Cumple todas las tareas que se le encargan, aún las más humildes, sin la más leve objeción. Sus profesoras observan su profunda obediencia, su sencilla humildad, que les gana su aprecio y el de las compañeras. Vive una vida ordinaria, que apenas se distingue de las demás. Si acaso, una más tierna devoción a la Virgen, una piedad que pronto contagia a sus compañeras casi sin ellas advertirlo.

–Personalmente no sentía una especial devoción por la Santísima Virgen —dice una de ellas, años más tarde—; pero al tratar a María de los Dolores me convertí en devota de la Madre de Dios.

Pasa un año, y otro y otro. Cumple diecisiete años. El 8 de julio de 1924, unos sacerdotes acuden a Vilar a interrogarla, en el más estricto sigilo. El obispo de Leiría ha creado una comisión oficial que estudia todos los fenómenos acaecidos en Fátima: las apariciones y los milagros innumerables que se cuentan que suceden en Cova da Iría.

Lucia tiene que volver a narrar, una vez más, con todo detalle, los sucesos de 1917. Los delegados insisten en la sinceridad de su experiencia, para descartar toda alucinación o engaño.

–¿Estás segura de que la Santísima Virgen se te ha aparecido realmente?

–Tengo la certeza de haberla visto y no me he equivocado. Aunque me mataran, nadie me haría decir lo contrario.

Y vuelve al silencio...

Acaba el curso: es el final del pensionado. Ha aprovechado el tiempo. Ahora es una joven bien instruida, muy especialmente en religión y en toda clase de tareas domésticas. Es el momento de decidir el destino de su vida. Lucia ya lo ha pensado. Quiere entrar en religión, ser monja. La verdad, lo que ella quisiera es ser carmelita. Encerrarse a solas con Dios, como santa Teresa de Jesús o santa Teresita de Lisieux, cuyas vidas ha leído. Pero está agradecida a las hermanas de Vilar, que tanto han hecho por ella... Va a ver a la superiora y le dice:

–Madre, quisiera ser dorotea.

–¡Tan joven, hija mía! ¿Y por qué quieres ser monja?

–Para tener más libertad para ir a la capilla.

–¡Eres tan joven! Es necesario que esperes.

Y Lucia espera. Con la nueva primavera cumple los dieciocho, pero no dice nada.

La superiora la llama:

–¿Ya no quieres ser religiosa?

–Sigo pensándolo y deseándolo.

–¿Entonces, por qué no lo pides?

–Me dijo que debía esperar, y espero.

16
En el convento de Tuy

El 24 de octubre de 1925, Lucia parte en tren hacia el norte. Le acompaña la directora de Vilar. Por la ventanilla admira los verdes paisajes que se suceden entre el Duero y el Miño, en cuya ribera española está la ciudad gallega de Tuy. Es allí donde le espera el noviciado de las hermanas de Santa Dorotea, refugiado en España, junto a la sede de la congregación, a causa de la persecución religiosa que padece Portugal.

El tren, tras ciento treinta y ocho kilómetros arrojando vapor y carbonilla, cruza el puente internacional, construido en 1884, y llega a Tuy, la ciudad episcopal sobre la que se destaca la imponente catedral de principios del siglo XIII.

La casa provincial es un edificio moderno, más alegre que el Asilo de Vilar. El vestíbulo está lleno de luz y adornado con plantas. Mientras la hermana directora habla con la superiora, ella pasa a la capilla.

–Señor, ¿no podrían admitirme de postulanta en vez de hacerme perder un año como aspirante? Yo lo que quiero es entregarme a vuestro servicio cuanto antes.

Por fin la recibe la madre provincial. Con una sonrisa, le dice:

–Hija mía, mira, entras en nuestra casa como postulanta.

Lucia besa agradecida las manos de la reverenda madre.

–Y para que adelantes más, vas a ir inmediatamente a la casa que tenemos en Pontevedra. Allí estarás algunos meses.

Y hasta Pontevedra llega la Virgen para recordarle que si se ha quedado en el mundo es porque tiene aún una tarea que cumplir. Está en su cuarto. Es el día 10 de diciembre. Nuestra Señora se le aparece junto al Niño Jesús. María le pone la mano sobre un hombro, en la otra le muestra su corazón rodeado de espinas. Jesús le dice:

–Ten compasión del corazón de tu Santísima Madre. Está cercado de las espinas que los hombres ingratos le clavan a cada momento, y no hay nadie que haga un acto de reparación para sacárselas.

Le habla la Virgen:

–Mira, hija, mi corazón cercado de espinas que los hombres ingratos me clavan sin cesar con blasfemias e ingratitudes. Tú, al menos, procura consolarme y di que a todos los que cinco meses en el primer sábado se confiesen, reciban la Sagrada Comunión, recen el rosario y me hagan compañía durante quince minutos meditando en los misterios del rosario con el fin de

desagraviarme, les prometo asistirles en la hora de la muerte con las gracias necesarias para su salvación.

El 15 de febrero de 1926 se le aparece de nuevo el Niño Jesús. Le pregunta si ha difundido la devoción a su Santísima Madre. Lucia le cuenta que su superiora está dispuesta a propagarla, pero su confesor insiste en que ella sola nada podría hacer.

–*Es verdad* —le responde— *que tu superiora no puede hacer nada; pero con mi gracia lo puede todo.*

–Señor, ¿es necesaria la confesión en el mismo día del sábado? ¿No se podría hacer en los ocho días?

–Sí. Y todavía con más tiempo, con tal que me reciban en estado de gracia.

Lucia termina el curso en Tuy y, el 2 de octubre de ese año de 1926, viste el hábito negro de las doroteas y el velo blanco de las novicias. Sigue en su trabajo, en su silencio. A veces, desde la ventana del lavadero, contempla el vuelo de las gaviotas a través del río, hacia su tierra portuguesa, hacia Valença do Miño, anclada en la otra orilla. Y más allá, su madre, sus hermanas... Cova da Iría. Su corazón se llena de la *saudade* de su tierra —la nostalgia, la añoranza— que lo aprietan y lo conmueven. Pero sabe que también en esta lejanía tiene bien cerca a la Señora que prometió protegerla.

Dos años después, el 3 de octubre de 1928, hace sus primeros votos. Monseñor Correia da Silva ha prometido asistir. Una circunstancia imprevista se lo impide. Envía a un sacerdote que lo representa.

Este sacerdote la pone al día de las noticias de Fátima y lo que ha pasado desde que dejó su tierra...

Las buenas y las malas, también los intentos del gobierno revolucionario por acabar con las peregrinaciones.

–Incluso se puso una bomba que destruyó la Capelinha. Lo único que consiguieron es que la levantasen mucho mayor y que fuese más gente a Cova da Iría. Ya acude gente del extranjero. Un boletín mensual informa a los peregrinos de los mensajes de la Virgen. Se llama *La voz de Fátima*, su principal redactor es el canónigo Formigao, que tantas veces habló contigo...

Lucia baja los ojos, se pone colorada, y dice para sí: "Me lo imaginaba". La Virgen ha triunfado en todos los terrenos. Portugal ya no es el mismo. Hace dos años una nueva revolución nacional ha cambiado el gobierno. Y este mismo año la República tiene un presidente católico, el general Carmona. Se han levantado las restricciones religiosas. ¡Mira, qué buena noticia! El pasado 13 de mayo, el obispo de Leiría acaba de colocar la primera piedra de la basílica...

Eran verdad sus presentimientos. La Virgen sigue actuando. Se alegra y da gracias en su interior, pero sigue guardando su silencio en comunidad, celando su identidad.

Mientras, en el exterior, el rumor se hace casi una evidencia. La pastorcilla desaparecida se encuentra en la fronteriza ciudad gallega. Un periódico llega a hablar de "la ceremonia de sus votos en Tuy". Su foto se ha popularizado y difundido en los reportajes que tratan de Fátima. Algunos sacerdotes afirman incluso haber reconocido su rostro al darle la comunión.

Esta situación produce muy diversas anécdotas. Un día, un joven sacerdote portugués celebra misa en la blanca capilla de las doroteas. Lucia está encargada, en esa ocasión, de la sacristía. Al terminar la celebración, ella va guardando los ornamentos[23] en los cajones del armario. El sacerdote le dice:

–Hermana, ¿podría ver a vuestra célebre María de los Dolores?

–¿Célebre? —responde Lucia, con una sonrisa en la que flota el desdén.

–Pues sí, célebre. ¿Cómo es?

–Una hermana como las demás, como yo, por ejemplo. ¡Somos todas tan semejantes!

Y el sacerdote abandona el convento sin saber que ha hablado con la propia vidente.

En otra ocasión, acompañada de otra hermana, cruza el puente sobre el río y se interna en Valença do Miño para hacer una gestión. Unas señoras reconocen el hábito negro, la cofia plisada y el velo de gasa negra.

–¿Hermanas de Santa Dorotea?

–Sí.

–¿Portuguesas? ¿De Tuy?

–Sí, señoras.

–Precisamente nosotras vamos allí. Queremos ver a la vidente de Fátima. ¿Está en España, verdad?

---

23. Ornamentos: las vestiduras sagradas que usan los sacerdotes para celebrar la misa.

–¡Oh, no! —responde Lucia—. En este momento está en Portugal.

–¿Acaso Lucia podía estar en nuestro convento? —pregunta la otra hermana.

–Lo cierto es que no está en Tuy —asevera Lucia.

–¡Qué lástima! Nos han informado mal. ¡Qué le vamos a hacer! —se conforman las señoras.

Siguen su camino. Lucia se ríe en su interior de su travesura: “He salvado el secreto con la misma pillería que solía usar Jacinta”.

17
De la luz al silencio

–¡Magnífico, hija mía, te has portado muy bien! Esta vez no podía faltar.

El obispo de Leiría, monseñor Correia da Silva, la saluda con afecto. Ha llegado a Tuy para presidir la ceremonia de sus votos perpetuos.

–No sabe lo que se lo agradezco, Ilustrísima.

–Las cosas han cambiado. Acabó la minuciosa investigación sobre las apariciones de la Virgen, de la que yo fui el encargado. La Iglesia las ha reconocido solemnemente el 13 de octubre de 1930, en la misma Cova da Iría, ante millares de fieles. ¿Lo sabes?

–Bueno, lo supongo.

El obispo se echa a reír.

No es sólo la presencia del prelado, que tan bien la ha comprendido y la ha ayudado, la única alegría que recibe en vísperas de ese 3 de octubre de 1934, en que pronunciará sus votos solemnes. A Tuy, bulliciosas y alegres, llegan también su madre y dos de sus hermanas.

–Toma este ramo de flores. Son de los Valinhos.

Lucia toma el ramillete. El perfume de su tierra la embriaga. Se abraza a su madre toda emocionada.

–Gracias, madre. Es lo que más te agradezco... ¿Ya me crees?

–¡Cómo no voy a creerte! —sonríe—. Además, la Iglesia ya ha reconocido la verdad de las apariciones. Y he visto los milagros que opera esa agua bendita que surgió en aquella tierra tan seca.

La presencia en España del obispo portugués presidiendo la ceremonia en la capilla blanca y luminosa de las doroteas de Tuy no puede ser más explícita. Se descorre el velo del misterio y ante todos los presentes queda patente lo que algunos sospechan, aunque no lo puedan asegurar. Se miran y se dicen entre sí, llenos de asombro:

–¡Sor María de los Dolores es Lucia, la vidente de Fátima!

Lucia ha surgido a la luz y casi inmediatamente vuelve a la oscuridad y al silencio. A los pocos días, la envían a la Casa de Pontevedra, donde como hermana coadjutora[24] realiza, siempre alegre, toda clase de labores: pela patatas, friega los suelos, traslada camas y muebles... y, en alguna ocasión, tiene incluso que vaciar una letrina. Pero a ella nada le importa. La acompaña siempre la luz de Cova da Iría y las palabras consoladoras de la maravillosa Señora: *No te abandonaré nunca. Mi corazón inmaculado será tu refugio y el camino que te conducirá a Dios.*

---

24. Las hermanas doroteas se dividen en *maestras* y *coadjutoras* o ayudantes.

Lucia no habla con nadie de Fátima, ni sus compañeras se atreven a preguntarle. Todas saben quién es María de los Dolores, pero respetan su silencio, obedeciendo el deseo de los superiores de tratarla con sencillez y suma discreción.

En el mundo exterior, sin embargo, sigue el imparable desarrollo de Fátima. El obispo de Leiría, el 12 de septiembre de 1935, da un paso más en su preocupación por la historia de los acontecimientos. Decide trasladar los restos de Jacinta a una blanca sepultura que ha mandado construir en el cementerio de Fátima[25]. Antes del traslado, en Vila Nova de Ourem, abren el féretro: el rostro de Jacinta aparece perfectamente conservado. Se toma una rápida fotografía, y una de las copias la envía el obispo a Lucia.

La vidente le contesta agradecida y emocionada:

"Qué alegría volver a ver a la amiga más íntima de mi infancia... era niña sólo en los años; en lo demás sabía ya practicar la virtud y demostrar a Dios y a la Virgen Santísima su amor por la práctica del sacrificio..."

¡Cuántas cosas más debe de saber todavía la pastorcilla superviviente! —piensa el obispo—. Y le envía una nueva carta:

"Escriba todo lo que recuerde de Jacinta."

Y Lucia empieza inmediatamente la redacción de la primera de sus cuatro memorias sobre los aconteci-

---

25. Desde 1951 la tumba de Jacinta se encuentra en el crucero de la basílica, en el lado del Evangelio. Desde 1952, la de Francisco la acompaña en el lado de la Epístola.

mientos de Fátima. Sus recuerdos sobre Jacinta los termina en la Navidad de ese año de 1935[26].

Al año siguiente estalla la guerra española, que llena de turbación al convento.

–Se están fusilando a obispos y religiosos e incendiando iglesias y conventos —le dicen—. Menos mal que esto no llega a Galicia. Hay batallas por todas partes en España. ¿Usted cree que llegará la revolución a Portugal?

–No. No lo creo —contesta. Y luego para sí piensa: Jacinta está pidiendo en el cielo por nuestro país...

En mayo de 1937, vuelve a la casa de Tuy. Desde allí sigue enterándose de las noticias de la guerra española, más enconada que nunca, pero lejos de Galicia.

–Hermana, suba con nosotros a la terraza. El cielo está rojo, rojo.

Es una noche muy fría de enero de 1938. Todo el firmamento en el norte de Europa está teñido de color cárdeno.

–¡Es una aurora boreal[27]! —dice la superiora.

–No. Es la señal —musita Lucia—. *Cuando veáis una noche iluminada por una luz desconocida...* Así dijo la Virgen. ¡La guerra está al llegar!

Efectivamente, en ese año, Hitler se anexiona Austria. Los Gobiernos occidentales aceptan lo inevi-

---

26. Están publicados en *Memorias de la hermana Lucia*, Postulaçao, Fátima, Portugal, 1978, junto a tres memorias más: una de 1937, y dos de 1941, con detalles de su vida, de las apariciones y de Francisco.
27. Fenómeno o meteoro luminoso que se produce en las regiones del Norte, que se atribuye a la electricidad.

table y tratan de apaciguarlo con el famoso pacto de Munich en el mes de septiembre.

Finalmente acaba la guerra civil española. El 1 de abril de 1939 cesan todos los combates. Una enorme alegría estremece el convento. Pero tres meses después —el 1 de septiembre— se cumple lo inevitable. Hitler, que se siente con las manos libres, invade Polonia. La II Guerra Mundial ha comenzado.

18
Ha llegado el momento

¡Cuánto estará sufriendo el Santo Padre! —piensa Lucia, recordando a Jacinta y sus extrañas visiones de carreteras llenas de gente llorando, de edificios destrozados—. Ahora ve esas caravanas de desplazados y esas ruinas fotografiadas en los periódicos.

La guerra se expande por casi todos los continentes: se lucha en Europa, en África, en Asia, en Oceanía. El 31 de octubre de 1942, Pío XII consagra el mundo al Corazón Inmaculado de María.

Así lo vio Jacinta —piensa Lucia—. En una iglesia, rezando delante del Inmaculado Corazón de María. Pero, no. Lo que vio aún no ha sucedido. El Papa no ha hecho exactamente la consagración como la pidió la Virgen y yo le decía en mi carta.

Hasta el 2 de diciembre de 1940 no recibió Lucia permiso para escribir al Santo Padre y contarle lo que le había pedido la Virgen en una aparición que tuvo en la capilla del convento de Tuy, el 14 de junio de 1929.

Ese día, mientras rezaba, toda la capilla se alumbró con una luz sobrenatural y una cruz de luz apareció sobre el altar y llegó hasta el techo. Veía sobre ella la cara de un hombre y su cuerpo hasta la cintura. En el pecho había una paloma de luz, y clavado en la cruz había el cuerpo de otro hombre. Suspendidos en el aire, podía ver un cáliz y una gran Hostia, en la cual caían gotas de sangre del rostro de Jesús crucificado y de la llaga de su costado.

Mientras pensaba que se le estaba mostrando el Misterio de la Santísima Trinidad y recibía luces sobre él, vio bajo el brazo derecho de la cruz a Nuestra Señora de Fátima, con su Corazón Inmaculado en su mano izquierda, sin espada ni rosas, pero con una corona de espinas y llamas. Debajo del brazo izquierdo de la cruz grandes letras, como si fuesen de agua cristalina, que corrían sobre el altar formando estas palabras: *Gracia y misericordia.*

La Virgen habló:

–Ha llegado el momento en que Dios pide al Santo Padre que, en unión con todos los obispos del mundo, haga la consagración de Rusia a mi corazón, prometiendo salvarla por este medio[28].

Por fin, el 2 de diciembre de 1940, Lucia tomaba la pluma y escribía al papa Pío XII la petición de la Virgen:

---

28. En la tercera aparición, la Virgen habló de la guerra y los males futuros, y añadió: *Para impedir eso vendré a pedir la consagración de Rusia a mi Corazón Inmaculado y la comunión reparadora de los primeros sábados.* La propagación de esta última devoción la pidió, como se ha dicho, en diciembre de 1925, en la aparición de Pontevedra. La hizo pública el obispo de Leiría el 13 de mayo de 1939.

"Debemos tener en cuenta la inmensa bondad con la que Dios comprende y responde ante las dificultades en las que tantas veces nos encontramos. Nuestro Señor nunca ha dejado de insistir en esta petición. Recientemente ha prometido —si Vuestra Santidad se digna hacer la consagración del mundo al Corazón Inmaculado de María, con especial mención de Rusia, y ordenar que en unión con Vuestra Santidad, al mismo tiempo, la hagan también todos los obispos del mundo— abreviar los días de tribulación con los que decidió castigar a las naciones por sus crímenes, a través de la guerra, el hambre y las diversas persecuciones a la Santa Iglesia y a Vuestra Santidad."

El Papa oyó a la vidente y consagró al mundo, con mención especial de Rusia, el citado 31 de octubre de 1942, al Corazón Inmaculado de María, pero Lucia responde a los que pueden preguntarle por este asunto:

–La ha hecho sólo en parte. Le falta la unión con los obispos como pedía Nuestra Señora.

El tiempo en el convento pasa con más rapidez que en el mundo exterior, debatido en sus luchas terribles: bombardeos, desembarcos, avance de ejércitos de tanques... El 30 de abril de 1945 se rinde Alemania. Las bombas atómicas, que caen sobre Hiroshima y Nagasaki, obligan a Japón a hacer lo mismo, el 13 de agosto. ¡La guerra ha terminado!

El 13 de mayo de 1946 es el primer aniversario de las apariciones en que después de muchos años Europa está en paz. A Portugal no llegaron las llamas de la revolución española ni las del conflicto mundial. ¡Gracias a la Virgen de Fátima!, es el clamor popular.

Y ese día los portugueses quieren darle las gracias a la Virgen de una manera muy especial: coronando a Nuestra Señora de Fátima. Ante cientos de miles de personas reunidas en Cova da Iría, presididas por el patriarca de Lisboa, cardenal Cerejeira. Sobre la imagen de la Capelinha se coloca la corona de oro y pedrería ofrecida por los fieles. Otra gran corona, ésta de bronce, remata la esbelta torre de la basílica ya terminada.

La alegría de la vidente de Tuy es extraordinaria. Y más cuando la llama la superiora:

–Hermana, debe ir a Portugal. La necesitan allí.

Después de tantos años, regresa a su tierra. Nadie la llama ya María de los Dolores, sino Lucia como siempre. Su misión es reconocer los lugares relacionados con las apariciones y fijarlos para la historia. Todos saben que la Virgen se apareció en el sitio que ocupa ahora la Capelinha. Pero ¿dónde están los otros lugares citados en sus relaciones?

Días maravillosos en plena primavera de la sierra del Aire, recorriendo sus prados floridos, charlando con su madre y hermanas, volviendo a ver a sus amigas.

–Este es el Huerto Viejo donde se nos apareció el ángel la primera vez. No, no fue en una cueva, sino entre este círculo de rocas del Cabezo. Y aquí, la segunda, junto a este pozo, en el huerto de mi padre. La cuarta aparición no fue en Cova da Iría. Estábamos detenidos en Vila Nova de Ourem. En los Valinhos nos consoló la Virgen, unos días después, cuando nos soltaron, el 19 de agosto. ¡Qué pena, ya no está la encina donde la vimos! Pero fue aquí, estoy segura.

Después de unos días en su tierra de Fátima, por los caminos entre la Cova y Aljustrel, su misión ha terminado. No vuelve a España.

–Hermana, se queda en Portugal. En nuestra casa de Sardao. Está en Vila Nova de Gaia, muy cerca de Oporto.

Ella obedece una vez más. Está convencida de que ha cumplido su papel en la tierra. Ha sido elegida para dirigir la mirada de los hombres y mujeres a María, que ha llamado la atención del mundo desde la tierra portuguesa. Ahora, ya no soy tan necesaria —piensa—.

–Deseo —dice a las superioras— que a medida que Fátima sea más conocida, yo sea más desconocida.

Le vuelven sus antiguas ansias de retiro y soledad, que no puede alcanzar plenamente en la congregación de Santa Dorotea, que es de vida activa abierta al mundo. Manifiesta una y otra vez sus deseos de vida contemplativa.

–Escriba al Papa —le dicen.

Pío XII la comprende. Y permite su traslado al Carmelo de Santa Teresa. El Jueves Santo, 25 de marzo de 1948, ingresa en el convento de Coimbra. Tiene treinta y nueve años y se llama definitivamente Lucia del Corazón Inmaculado de María, un nombre en el que se recoge toda su vocación.

19
El mensaje de Fátima

Ahora sí que Lucia ha entrado en el definitivo silencio interior. Ya no tiene más trabajos que realizar que rezar y atender sus obligaciones de vidente de Fátima. Hasta su celda llegan cartas y peticiones de entrevistas de obispos o de personas y organizaciones preocupadas por la difusión del mensaje, como el Ejército Azul, fundado en los Estados Unidos en 1947, que se va extendiendo por todo el mundo como una cruzada de hombres, mujeres y niños dispuestos a poner en práctica lo que la Santísima Virgen pidió en Fátima.

¿Y qué pidió, exactamente, Nuestra Señora de Fátima? En cierta ocasión la entrevista en el locutorio un periodista norteamericano[29] que quiere saberlo.

–Naturalmente, hermana, sé que el rosario es la primera y más importante petición de la Virgen ¿pero cuáles son las demás condiciones para la conversión de Rusia?

29. John M. Haffert, cofundador del Ejército Azul.

–El rosario —contesta sor Lucia— no es la condición más importante. Lo esencial está en la primera pregunta que nos hizo Nuestra Señora: *¿Queréis ofreceros a Dios para soportar todos los sufrimientos que Él quisiera enviaros, en acto de desagravio por los pecados con que es ofendido y de súplica por la conversión de los pecadores?* Son los sacrificios —añade— que comportan el cumplimiento diario de nuestros deberes del propio estado, ofrecidos por nuestros pecados y por la conversión de los pecadores, la principal condición para terminar con el mal en el mundo. El rosario es el medio, la ayuda que nos ofrece la Virgen para facilitarnos el cumplimiento de nuestros deberes.

A veces, Lucia se ve obligada hasta a salir del convento, cuando se la necesita.

–Hermana, se la espera en Fátima para celebrar el cincuenta aniversario de las apariciones.

La conmemoración se hace con la mayor solemnidad. Hasta Cova da Iría acude, ese 13 mayo de 1967, el papa Pablo VI. Miles de personas observan emocionadas cómo el Santo Padre toma a sor Lucia de la mano y la presenta al pueblo.

La historia sigue rodando y llega 1978, el año en que la Iglesia tiene tres papas. El 6 agosto muere Pablo VI. En el Carmelo de Coimbra se reza por su alma y por su sucesor, que es elegido veinte días después: Juan Pablo I.

–Es el patriarca de Venecia, Albino Luciani, que el año pasado visitó el Santuario de Fátima, presidiendo

13 de mayo de 1967: el papa Pablo VI, después de la Misa de celebración del cincuentenario de las apariciones de Fátima, se dirige a sor Maria del Corazón Inmaculado. Por deseo del Santo Padre ella salió de su clausura en el carmelo con este motivo.

la peregrinación internacional —recuerda sor Lucia en el refectorio.

El Papa bueno de la sonrisa muere de repente, el 29 de septiembre. Una vez más, la Iglesia celebra funerales. Dos semanas después, un joven obispo polaco, Karol Wojtila, ocupa la sede de San Pedro.

¡Qué emoción ver al nuevo y vigoroso pontífice desplegar tan amplio apostolado por el mundo! Está rompiendo todas las barreras. ¡Qué maravilla verle en su tierra, Polonia, sembrando la fe en medio del Este marxista!

–Dicen que Juan Pablo II es un milagro de Dios para su Iglesia.

–Sí. Una gracia y un milagro de Dios y de la Virgen, hermana. Son palabras, creo, del cardenal Wyszinski, el primado de Polonia.

El 13 de mayo de 1981, como todos los trece de mayo, sor Lucia está profundamente metida en oración. En su alma se reproducen los acontecimientos de aquel lejano día y rememora a la Señora de luz y la maravillosa benevolencia que ha tenido con ella.

Por la tarde, la interrumpen.

–El Santo Padre ha sufrido un atentado en la plaza de San Pedro. Está muy grave. Puede morir.

–¿Hoy, aniversario de la Virgen de Fátima? —se sorprende sor Lucia—. No puede morir. —Y luego rememora para sí las palabras escuchadas a la Señora: *El Santo Padre tendrá mucho que sufrir.*

Las monjas siguen las noticias, casi al minuto, mediante una radio que la superiora se encarga de escuchar.

–¡Cinco horas de quirófano! Nadie se explica cómo no ha muerto si le han disparado a pocos metros. El proyectil no ha afectado a ningún órgano vital. ¿Y sabéis lo que ha dicho al despertar?: *Una mano disparó y otra guió la bala*.

La convalecencia fue larga. No sale definitivamente hasta el 14 de agosto, tres meses después del atentado. Pronto manifestó el Papa deseos de acudir ante quien le ha salvado la vida. Y, entre los preparativos que se realizan en ese año de 1982, hay un mensaje para Lucia.

–Su Santidad quiere entrevistarse con usted en Fátima, el 13 de mayo.

Ese día, muy de mañanita, en el frescor de las primeras luces, Lucia, acompañada por la priora y otra carmelita, llega discretamente a la Casa do Carmo, donde se aloja el Santo Padre. Juan Pablo II la toma de la mano, la saluda afectuosamente y charla con ella.

–¡Qué misteriosa coincidencia entre el atentado y el aniversario de la primera aparición! —le dice el Papa.

Esa mañana feliz del relámpago y de la Madre de Dios, nimbada de luz, volcando sus designios de misericordia sobre el mundo, se hace presente de nuevo en el mismo valle, en el mismo día, con el mismo aire perfumado de la primera vez. El Papa ahora no lee, escucha.

–Hace sesenta y cinco años, Santo Padre. Entonces tenía diez.

Mientras la explanada se va llenando de gente, Lucia vuelve humildemente a su lugar: el convento de

Coimbra. El Papa sigue en Fátima y se arrodilla ante la Virgen en fervoroso agradecimiento. Medio millón de personas le rodean.

–V*engo aquí hoy, porque exactamente en este mismo día del mes, el año pasado, en la plaza de San Pedro, en Roma, sucedió el atentado contra la vida del Papa, coincidiendo misteriosamente con el aniversario de la primera aparición en Fátima, que tuvo lugar el 13 de mayo de 1917. Estas fechas se han cruzado entre sí del tal modo que me ha parecido reconocer en ello una llamada especial a venir aquí. He venido a dar gracias a la Divina Providencia en este lugar que la Madre de Dios parece haber escogido de modo particular.*

He visto un reclamo de atención —añade— *hacia el mensaje que partió de aquí hace sesenta y cinco años.*

Es la invitación a la consagración del mundo y de Rusia. Juan Pablo II la efectúa en esa ceremonia grandiosa de acción de gracias que celebra en Cova da Iría. Luego vuelve a Roma. En la corona de la Virgen queda, como una joya más, la bala que atravesó su cuerpo.

Lucia, en Coimbra, escribe al nuncio apostólico en Portugal, monseñor Portaluppi:

"La consagración tal y como la había pedido Nuestra Señora aún no se ha llevado a cabo."

Una noticia buena le llega pronto al convento.

–Su Santidad ha escrito a todos los obispos. Quiere que en el Año Jubilar de la Redención se unan en sus diócesis a la consagración a la Virgen que va a hacer, el 25 de marzo de 1984, fiesta de la Anunciación... ¡Quiere que lleven a Roma la imagen de la Capelinha!

Ese día, la imagen de la Virgen de Fátima aparece llena de flores en la plaza de San Pedro. Doscientas cincuenta mil personas llenan la amplitud de su espacio.

Nos acogemos a tu protección, Santa Madre de Dios... abraza con amor de Madre y de Sierva del Señor este mundo nuestro, que te confiamos y te consagramos, llenos de inquietud por la suerte terrena y eterna de los hombres y de los pueblos. De modo especial confiamos y consagramos aquellos hombres y "aquellas naciones" que tienen necesidad particular de esta entrega y de esta consagración.

En ese mismo día, los dos mil seiscientos obispos de la tierra, cada uno en su diócesis, realizan la misma consagración que el obispo de Roma.

–Sí —dice ahora sor Lucia—. La consagración se ha realizado. La ha hecho públicamente, en unión con todos los obispos que con Su Santidad se unieron al pueblo de Dios, cuerpo místico de Cristo.

La secuencia de acontecimientos que siguen a la consagración no ha pasado desapercibida a mucha gente y, en absoluto, a los que miran la historia con los ojos de Dios.

Un año después, el 11 de marzo de 1985 —tras la muerte de Chernenko—, es elegido secretario general del Partido Comunista soviético Mijaíl Gorbachov, un hombre nuevo, que no ha vivido la revolución de 1917.

A las pocas semanas, lanza un programa que se resume en una palabra: *perestroika* —cambio o reestructuración— que empieza a notarse en el país tanto en la política como en la libertad religiosa.

–En junio de 1988, Rusia ha celebrado oficialmente el milenario de su conversión al cristianismo —se cuentan en el convento en las horas de recreo.

–Es verdad. Hasta voltearon las campanas de la catedral del Kremlin para celebrar el acontecimiento.

–Pues qué me dice de Polonia. Los obreros del sindicato Solidaridad han ganado las elecciones.

Es el verano de 1989. Lucia todavía recuerda la alegría del pasado 13 de mayo, en el que el Papa ha firmado los Decretos de heroicidad de las virtudes de los siervos de Dios —así los llama la Iglesia— de sus primos Francisco y Jacinta.

–Éste es el último paso para la beatificación, hermana.

–Sí, lo sé —y bajo las tocas su cara se enciende como la grana—. ¡Mis primos en los altares! —musita, y se vuelve a ruborizar.

La libertad supone el final del comunismo y, uno tras otro, los países sometidos a Moscú, y la misma Rusia —que recobra su nombre—, se van librando del yugo marxista.

–¡Han derribado el muro de Berlín[30]! —le dice una hermana—. ¡Ya no hay telón de acero!

Al día siguiente ve en el periódico las fotos de los

30. El muro de Berlín, separaba a las dos Alemanias desde 1961, símbolo de la división ideológica de Europa.

jóvenes encaramados sobre el muro rompiendo sus paredes a golpe de piqueta.

Esto ha sido el 9 de noviembre de 1989. No pasa un mes, y otra foto asombrosa la conmueve. Juan Pablo II y Mijaíl Gorbachov charlando en la biblioteca privada del Romano Pontífice, el 1 de diciembre.

–El mundo ha cambiado, hermana.

–Pues, si le digo la verdad, cuando la Virgen nombró a Rusia, yo, en mi ignorancia, no sabía a qué se refería. Me limité a grabar el nombre en mi memoria. Luego, con los estudios, supe que entonces no existía la Unión Soviética. Nos habló de sus peligros en julio. Como es lógico, todavía no se había producido la revolución de octubre.

El encuentro de los dos eslavos permitió el verdadero deshielo de toda la Europa oriental, que fue consiguiendo la democracia. El Papa, entrado ya el año 1990, pudo exclamar:

–Dios ha vencido en el Este...

Lucia, en el refugio de su celda, volvió a tomar la pluma.

"Estoy completamente de acuerdo con cuanto ha dicho el Santo Padre Juan Pablo II en respuesta a la pregunta sobre los hechos recientes en el Este y en Rusia. Creo que se trata de una intervención de Dios en el mundo, para librarlo de una guerra atómica que podría destruirlo, y de una llamada insistente a la Humanidad para que tenga una fe más viva, una esperanza más confiada, un amor a Dios y al prójimo más activo, en el mutuo respeto a la dignidad, a los derechos y a la vida del ser humano, con la observancia de los mandamientos de la ley de Dios tal como fueron dados por Él al inicio: «No matar. No cometer adulterio. No robar. No dar falso testimonio contra el prójimo... no desear su mujer... ni cosa alguna que le pertenezca. Amarás al Señor tu Dios... amarás al prójimo como a ti mismo».”[31]

Juan Pablo no puede menos que volver a Fátima. Tiene una deuda con la Señora. El 13 de mayo de 1991, se arrodilla ante la Capelinha.

Hoy estamos aquí para darte gracias, porque siempre nos has escuchado, por la constante protección que nos ha evitado destrucciones irreparables y para agradecer la ayuda concedida a la Iglesia en estos últimos años, especialmente en Europa del Este.

Tres años después, el 13 de junio de 1994, reunido con los cardenales de todo el mundo, Juan Pablo II vuelve a hablar de su “transparente experiencia”:

A mí se me ha dado comprender, de modo especial, el mensaje de la Virgen de Fátima; la primera vez el 13 de mayo de 1981 en el momento del atentado a la vida del Papa, y después de nuevo hacia el final de la década de los ochenta con ocasión del hundimiento del comunismo en los países del bloque soviético. Pienso que se trata de una experiencia transparente para todos.

---

31. Parte de una larga carta escrita en Coimbra en 1990, recogida por Juan Pablo II, *Del temor a la esperanza*, volumen II, Solviga, Madrid, 1993, pág. 241.

20
Francisco y Jacinta en los altares

En la primavera del 2000 sor Lucia tiene noventa y tres años. Sigue en el convento de Santa Teresa de Coimbra. Su salud es buena, ha perdido un poco de oído y sus ojos no ven del todo bien, pero su cabeza está perfectamente lúcida. Parece que su misión en la tierra ha terminado, pero aún le queda un misterio de gloria: asistir a la beatificación de sus primos Francisco y Jacinta.

–Hermana, el 13 de abril vendrá a visitarla el obispo de Leiría.

Asiente y calla. Sabe que se trata de la beatificación de sus primos. El proceso está completamente acabado. Probado el grado heroico con que vivieron el mensaje cristiano, el milagro necesario y exigido ha sido reconocido por la Iglesia el 28 de junio de 1999. Sucedió el 20 de febrero de 1989, aniversario de la muerte de Jacinta: una mujer de Leiría, María Emilia Santos, de cincuenta y siete años, paralítica, se levantó por sí sola de la cama, después de veintidós años postrada en el lecho. ¡Justo al acabar una novena a los dos pastorcillos!

A las cuatro de la tarde del día señalado, Lucia entra

en el locutorio, le acompaña la priora y su médico, la doctora Blanca Paul. Al otro lado de la reja, aparece monseñor Serafín Ferreira da Silva con el sacerdote y periodista Antonio Rego, secretario de la Comisión de Medios de la Conferencia Episcopal Portuguesa.

El obispo comienza con cierta solemnidad:

–Vengo a anunciarle oficialmente que el Papa vendrá a Fátima el día 13 de mayo para beatificar a los pastorcillos.

Lucia le interrumpe con una amplia sonrisa y el chispear de sus ojos tras las gruesas lentes de sus gafas.

–¡No me va a beatificar a mí!

Todos ríen el humor de la hermana.

Don Serafín le confirma que Juan Pablo II ha querido venir por tercera vez a Fátima y subrayar así el mensaje de Nuestra Señora en medio de este año jubilar. Le da los detalles y horarios de su encuentro con el Papa en la mañana del 13 en la basílica.

Lucia responde con sencillez y naturalidad:

–Me gustaría estar a solas con el Santo Padre. No es que tenga nada especial que decir, pero me gustaría estar sola con él, lejos de las multitudes.

Tras un rato de conversación, la entrevista termina con la bendición del obispo. Lucia hace un gesto.

–¡Ah! Tengo una cosa más que decir —y sacándose un papel del hábito, lo lee en voz alta—: *Mi alma glorifica al Señor y mi espíritu se alegra en Dios mi Salvador*[32].

---

32. Antonio Rego, en *Alfa y Omega,* 11-V-2000.

Un sol brillante amanece sobre Cova da Iría en la mañana del 13 de mayo del 2000. La explanada de Fátima está llena de una enfervorizada y abigarrada multitud, que sobrepasa el millón de personas. Portugueses de todas las procedencias, presididos por el presidente de la República, extranjeros de todas las latitudes, obispos de todo el mundo esperan el gran momento solemne de la misa de beatificación de Francisco y Jacinta Marto, los más jóvenes beatos de la historia de la Iglesia, once y diez años, con excepción de algunos pequeños mártires.

Las andas con la Virgen de la Capelinha comienzan a cruzar la explanada. Los cantos estremecen el aire.

El trece de mayo
la Virgen María
bajó de los cielos
a Cova da Iría.
¡Ave, ave, ave, María!
¡Ave, ave, ave María!

Juan Pablo II entra también en el amplio recinto en su pequeño vehículo acristalado, desde el que saluda y bendice a los peregrinos expectantes. Sor Lucia lo espera en el interior de la basílica frente a la tumba de su prima, a cuyo lado otra tumba, vacía y sin nombre en su lápida, le recuerda el definitivo lugar de su descanso.

En la sacristía, la vidente de Fátima y el Pontífice se vuelven a encontrar. Conversan con afecto durante diez minutos sentados en unos sillones uno junto al otro. Luego, Lucia, ayudada de su bastón, marcha lentamente hacia la tribuna del altar. Con la priora del

El papa Juan Pablo II con sor Lucia en la sacristía, antes de la beatificación de Francisco y Jacinta, el 13 de mayo de 2000.

Carmelo de Coimbra se sienta detrás de los obispos, muy cerca del sillón que ocupará el Santo Padre.

Comienza la ceremonia... La vidente mira sonriente la gran explanada repleta de peregrinos. Hace ochenta y tres años estaba ella sola con sus primos con un pequeño rebaño de ovejas... Ahora el pastor de la Iglesia universal concelebra una misa solemne con numerosos obispos del mundo...

En el momento en que el Papa declara beatos a Francisco y Jacinta, se descorren la bandera portuguesa y la vaticana en el segundo cuerpo de la torre de la basílica y dejan al descubierto los retratos de los dos pastorcillos elevados a los altares.

La emoción embarga a Lucia. ¿Recuerda los acontecimientos de la segunda aparición, la del 13 de junio? Señora —había dicho ella—, quisiera pediros que nos llevéis al Paraíso. *Sí* —respondió la Virgen—. *A Jacinta y a Francisco vendré pronto a llevarlos conmigo. Pero tú debes quedarte aquí algún tiempo más...* Un tiempo más. Son ya ochenta y tres años que añadir a los diez que tenía entonces. Ella sigue, como aquel día, en la luz que surgió de la Señora y que se inclina hasta la tierra, y sus primos en el haz de luz que sube hacia el cielo... Así lo está confirmando ahora el Papa con su autoridad de vicario de Cristo.

Juan Pablo II comienza su homilía con unas palabras de Jesús en el evangelio de San Mateo:

"*Yo te alabo, Padre, Señor del cielo y de la tierra, porque ocultaste estas cosas a los sabios y prudentes, y las revelaste a los más pequeños.*"

"Por designio divino —continúa diciendo— vino del cielo a esta tierra, en busca de los pequeñuelos privilegiados del Padre *una mujer vestida de sol...* Fue entonces cuando de sus manos maternas salió una luz que los penetró íntimamente, haciéndolos sentirse inmersos en Dios."

Juan Pablo II habla de la transformación de los niños: "Francisco vive movido por un único deseo, tan expresivo del modo de pensar de los chiquillos: consolar y dar alegrías a Jesús". Y Jacinta "quedó tan impresionada por la visión del infierno que ninguna mortificación o penitencia le parecía demasiado para salvar a los pecadores".

Las últimas palabra del Santo Padre en su homilía es para los niños que se hallan presentes, muchos vestidos a la usanza campesina de Francisco y Jacinta.

"Nuestra Señora os necesita para consolar a Jesús. Pedid a vuestros padres que os lleven a la *escuela* de Nuestra Señora para que ella os enseñe a ser como los pastorcillos, que procuraban hacer todo lo que les pedía. ¡Que el mensaje de sus vidas permanezca siempre vivo para iluminar el camino de la humanidad!"

Todo parece haber terminado cuando los enfermos presentes son bendecidos con el Santísimo Sacramento expuesto en la custodia... Pero Juan Pablo II sigue sentado en su sillón. ¡Una gran sorpresa aguarda a los peregrinos en esta mañana luminosa de Fátima!

21
El tercer secreto

El cardenal secretario de Estado, Angelo Sodano, se acerca al micrófono... Comienza felicitando a Juan Pablo II, en nombre de todos los presentes por su próximo ochenta cumpleaños, que celebrará el 18 de mayo. Recuerda que el Santo Padre ha venido a Fátima para beatificar a los dos pastorcillos, pero también a renovar su gratitud hacia la Virgen por la protección que le ha dispensado en su pontificado.

"Es una protección que parece que guarda relación también con la llamada «tercera parte» del secreto de Fátima..."

¡El secreto de Fátima! ¡Tan bien guardado desde el 13 de julio de 1917! La gran sorpresa ha estallado. ¡El secreto tiene que ver con el Papa! Pero el cardenal sigue hablando:

"Este texto es una visión profética comparable a la de la Sagrada Escritura, que no describe con sentido fotográfico los detalles de los acontecimientos futuros, sino que sintetiza y condensa sobre un mismo fondo hechos que se prolongan en el tiempo en una sucesión y con una duración no precisadas. Por tanto, la lectura del texto ha de ser simbólica..."

"Según la interpretación de los pastorcillos —continúa—, interpretación confirmada recientemente por sor Lucia, el «obispo vestido de blanco» que ora por todos los fieles es el Papa. También él caminando con fatiga hacia la Cruz entre los cadáveres de los martirizados (obispos, sacerdotes, religiosos, religiosas y numerosos laicos) cae a tierra como muerto, bajo los disparos de un arma de fuego. Después del atentado del 13 de mayo de 1981, a Su Santidad le pareció claro que había sido «una mano materna quien guió la trayectoria de la bala», permitiendo al «Papa agonizante» que se detuviera «a las puertas de la muerte»."

Se refirió también el cardenal Sodano a los acontecimientos de 1989 que llevaron, en la Unión soviética y en numerosos países del Este, a la caída del régimen comunista "que propugnaba el ateísmo".

Un hecho, sin embargo, que no ha impedido que en otras partes del mundo sigan los ataques contra la Iglesia y los cristianos, y aunque la tercera parte del secreto pertenece ya al pasado, la intervención de la Virgen sigue vigente.

"La llamada de la Virgen a la conversión y a la penitencia, pronunciada al inicio del siglo XX, conserva todavía una estimulante actualidad. La Señora parecía leer con una perspicacia especial los signos de nuestros tiempos. La invitación insistente de María a la penitencia es la manifestación de su solicitud materna por el destino de la familia humana, necesitada de conversión y perdón.[33]"

En el inicio del nuevo milenio, el mensaje de Fátima tiene su lectura definitiva. En un siglo de horribles tragedias una mano bondadosa ha velado por el mundo. Y ha enseñado cómo se deben vivir los años que se nos concede habitar en esta tierra.

33. La Congregación para la Doctrina de la Fe publicará en breve el texto del secreto, con un oportuno comentario "para permitir que los fieles reciban mejor el mensaje de la Virgen de Fátima".

El papa Juan Pablo II rezando ante la Virgen de Fátima, en su capilla, el 13 de mayo de 2000.

Datos cronológicos

1907	22 marzo	Nace Lucia, la vidente de Fátima
1908	1 febrero	Asesinato del rey Carlos I de Portugal y de su heredero Luis Felipe
	11 junio	Nace Francisco, el vidente de Fátima
1910	10 marzo	Nace Jacinta, la vidente de Fátima
	5 octubre	Proclamación de la República en Portugal: expulsión de las órdenes religiosas y abolición de la enseñanza religiosa
1916	febrero	Portugal entra en la guerra europea, aliado a Inglaterra
		Aparición del ángel
1917	5 mayo	Carta de Benedicto XV
	13 mayo	Primera aparición de la Santísima Virgen
	13 octubre	El milagro del sol
1919	4 abril	Muere Francisco
1920	6 febrero	Elección de Pío XI (Achile Ratti)
	20 febrero	Muerte de Jacinta
	30 diciembre	Creación de la Unión de Repúblicas Socialistas Soviéticas
1921	17 mayo	Entra Lucia en el Asilo del Vilar de las hermanas de Santa Dorotea, en Oporto
1928	13 mayo	Colocación de la primera piedra de la basílica
	3 octubre	Lucia hace sus primeros votos en Santa Dorotea
1929	12 enero	El general Carmona, presidente de Portugal, visita oficialmente Fátima

1930	13 octubre	El obispo de Leiría proclama la autenticidad de las apariciones
1931	14 abril	España: se proclama la República
1934	3 octubre	Votos perpetuos de Lucia
	octubre	Lucia es enviada a la Casa de Pontevedra
1936	18 julio	España: comienza la guerra civil
1937	mayo	Lucia vuelve a Tuy
1939	2 marzo	Elección de Pío XII (Eugenio Pacelli)
	1 abril	Termina la guerra española
	1 septiembre	Alemania invade Polonia: Segunda Guerra Mundial
1942	31 octubre	Pío XII consagra el mundo al Corazón Inmaculado de María
1945	30 abril	Rendición de Alemania
1945	13 agosto	Rendición de Japón
1946	13 mayo	Coronación de Nuestra Señora de Fátima Acaba la construcción de la basílica
1946	mayo	Lucia vuelve a Portugal: Casa de Sardao, en Vila Nova de Gaia, cerca de Oporto
1947	13 mayo	Comienzan los viajes por el mundo de la imagen peregrina de la Virgen de Fátima
1948	25 marzo	Lucia entra en las Carmelitas de Coimbra. Y allí sigue en el año 2000
1956		El cardenal Roncalli, futuro Juan XXIII, preside la peregrinación internacional
1958	28 octubre	Elección de Juan XXIII (Angelo Roncalli)
1962	11 octubre	Juan XXIII inaugura el Concilio Vaticano II
1963	21 junio	Elección de Pablo VI (Giovanni B. Montini)
1965	8 diciembre	Pablo VI clausura el Concilio Vaticano II
1967	13 mayo	Pablo VI preside en Fátima la conmemoración del 50º aniversario. Asistió sor Lucia
1977		El patriarca de Venecia, Albino Luciani, futuro Juan Pablo I, visita el Santuario
1978	6 agosto	Muere Pablo VI
	26 agosto	Juan Pablo I (Albino Luciani) elegido Papa.
	29 septiembre	Muere Juan Pablo I
	16 octubre	Elección de Karol Wojtila: Juan Pablo II

1981	13 mayo	Juan Pablo II sufre un atentado en la plaza de San Pedro. Es el aniversario de la Virgen de Fátima
1982	13 mayo	El Papa acude a Fátima para agradecer a la Virgen haberle salvado la vida en el atentado del año anterior. Ante la imagen de la Capelinha, el Papa le consagra el mundo. Sin embargo, sor Lucia, dice que a esa consagración le falta la unión con todos los obispos del mundo, como había pedido Nuestra Señora y queda pospuesta para el 25 de marzo de 1984.
	15 septiembre	Yuri Andropov, sucesor de Leónidas Breznev en la URSS
1984	13 febrero	Constantin Chernenko, secretario general del Partido Comunista de la URSS
	25 marzo	El Papa renueva en Roma, ante la imagen de la Virgen traída del Santuario de Fátima, la consagración del mundo al Inmaculado Corazón de María, en unión con todos los obispos en sus diócesis
1985	11 marzo	Mijaíl Gorbachov, nuevo jefe supremo soviético
1987	27 enero	Mijaíl Gorbachov anuncia las medidas de apertura en la Unión Soviética
1989	13 mayo	Decretos de heroicidad de las virtudes de los siervos de Dios, Francisco y Jacinta Marto
	9 noviembre	Caída del muro de Berlín: Alemania oriental abre sus fronteras con la occidental
	1 diciembre	Histórica entrevista de Juan Pablo y Mijaíl Gorbachov en el Vaticano
1990	29 mayo	Boris Yelsin presidente de la República Rusa
1991	13 mayo	Juan Pablo II visita de nuevo Fátima
2000	13 mayo	Juan Pablo II beatifica en Cova da Iría a Francisco y Jacinta Marto. Se revela el tercer secreto de Fátima.

ÍNDICE

COLECCIÓN BIOGRAFÍA JOVEN

1. **Pasión por la verdad**
   (San Agustín)
   Autor: *Miguel Ángel Cárceles*
   Ilustrador: *J. Gual*
2. **El joven que llegó a Papa**
   (Juan Pablo II)
   Autor: *Miguel Álvarez*
3. **El primer blanco en el Oeste**
   (Cabeza de Vaca)
   Autor: *Miguel Álvarez*
4. **La madre de los más pobres**
   (Teresa de Calcuta)
   Autora: *María Fernández de Córdova*
5. **La descubridora del Radio**
   (Maria Curie)
   Autora: *Mercedes Gordon*
6. **Un genio de la pintura**
   (Velázquez)
   Autora: *Mercedes Gordon*
7. **Camino a Auschwitz**
   (Edith Stein)
   Autora: *Mª Mercedes Álvarez*
8. **La formación de un imperio**
   (Carlos V)
   Autor: *Godofredo Garabito*
9. **Los pastorcillos de Fátima**
   (Lucia, Francisco y Jacinta)
   Autor: *Miguel Álvarez*